지은이 **롤프 모리엔**Rolf Morri

제학, 정치학을 전공했
언론사 《악치엔아날
부터 주식 정보 사이
스트셀러에 오른 『쉽
일에 적용하는 주식정보
Börse ganz praktisch』, 『잃지 않는 투자법*Verschenken Sie kein Geld!』* 등이 있다.

하인츠 핀켈라우 Heinz Vinkelau
뮌스터대학교에서 국민경제와 경제사를 전공했다. 15년간 출판사에
서 편집자로 일하다가 현재는 창업 컨설턴트로 활동하고 있다.

감수 **신진오**
'한국 가치투자의 원조' 신영증권에서 주식운용 담당 임원을 역임했
다. 1992년 외국인에게 한국 증시가 개방되기 직전 '저PER 혁명'을
주도하여 한국 가치투자의 서막을 열었다. 1998년 IMF 외환위기 당
시 핵심 블루칩을 대량 매수했다가 큰 성공을 거둬 화제를 모으기도
했다. 오랜 실전 운용 경험을 바탕으로 『전략적 가치투자』, 『현명한
투자자 2 해제』를 펴냈다. "핵심 우량주를 보유하면 시간이 흘러갈수
록 유리해진다"라는 의미의 필명 'ValueTimer'로 유명하다. 가치투
자 독서클럽인 '밸류리더스' 회장으로 활동하고 있다.

번역 **강영옥**
덕성여자대학교 독어독문과를 졸업하고 한국외국어대학교 통역번역
대학원 한독과에서 공부한 후, 여러 기관에서 통번역 활동을 했다. 현
재 번역 에이전시 엔터스코리아에서 번역가로 활동 중이다. 옮긴 책
으로는 『말의 마지막 노래』, 『아름답거나 혹은 위태롭거나』, 『인간과
자연의 비밀 연대』, 『호모 에렉투스의 유전자 여행』, 『자연의 비밀 네
트워크』, 『바이러스』, 『200세 시대가 온다』, 『노화, 그 오해와 진실』,
『워런 버핏』 등 다수가 있다.

더 클래식 찰리 멍거

찰리 멍거

인간과 세상을 바라본 통섭의 투자가

Charlie Munger

트렌 모리엘·하인츠 핀칼라우 지음 | 강영옥 옮김 | 신진오 감수

더 클래식

더클
래식

"버핏 자네라면 내 말이 무슨 뜻인지 알거야.

자네는 똑똑하고. 나는 옳으니까."

- 찰리 멍거

자본주의 시대의
살아 있는 현자

많은 사람이 워런 버핏Warren Buffett을 포함해 엄청난 투자 수익률을 기록한 투자 고수들의 뒤를 잇겠다며 증권 시장에 뛰어들고 있다. 하지만 정작 위대한 투자의 영웅들이 무엇을 보고, 무엇을 듣고, 무엇을 깨달았는지에 대한 이야기에 귀 기울이려는 투자자는 많지 않은 것 같다.

과거 수십 년 혹은 수백 년 동안 성공적인 길을 걸어온 투자의 귀재들이 있다. 그리고 이들의 투자 전략은 이미 검증

되었다. 그런데 왜 사람들은 이미 검증된 전략을 놔두고 엉뚱한 곳에서 길을 찾으려는 걸까? 대가들의 전략을 모방하는 것은 결코 부끄러운 일이 아니다. 오히려 어떤 전략이 성공적인지 알고, 이해하고, 그로부터 새로운 전략을 발견해 실천에 옮기는 남다른 능력을 발휘해야 한다.

투자를 하는 사람들이 잊고 있지만 그 어떤 격언보다 진실에 가까운 격언이 있다. "사람들은 10만 달러를 잃을 때까지 온갖 멍청한 짓을 한다." 사람들은 대체 왜 검증된 투자법을 무시한 채 자신의 아이디어만 고집할까? 왜 그렇게 실수를 되풀이하다 빈털터리가 되어서야 과거를 후회하고 절망할까? 우리는 모든 실패의 근원에는 무지가 자리하고 있다고 생각했다.

물론 이 책 한 권으로 전설적인 투자가들의 어린 시절을 전부 들여다볼 수는 없지만, 그럼에도 당신은 이 책을 통해 그들이 어떤 과정을 통해 배웠고 어떤 특성을 가진 인물로 성장했는지 알게 될 것이다. '더 클래식' 시리즈 1부에서는 먼저 전설적인 투자가들의 성장 과정을 다룬다. 2부에서는 위대한 투자가들의 투자 성공기와 그들만이 가진 전략을 소개한다.

투자의 귀재들에게서 투자법과 철학을 배운다면 잘못된 길로 빠질 가능성이 현저히 낮아질 것이다. 물론 그들의 전략을 그대로 베끼라는 뜻은 아니다. 이미 큰 성공을 거둔 투자자들의 결정 과정과 방식을 이해하면 투자에 도움이 된다는 이야기다. 이러한 관점에서 트렌 그리핀Tren Griffin이 쓴 『워런 버핏의 위대한 동업자, 찰리 멍거』는 유용한 책이다. 이 책에서 그리핀은 이렇게 말했다.

> "찰리 멍거Charles Munger와 워런 버핏처럼 성향이 비슷한 사람도 없을 것이다. 이들의 롤모델은 많은 사람이 본받고 싶어 하는 벤저민 프랭클린Benjamin Franklin이었다. 다만 그를 영웅으로 숭배하기보다는 그의 품성, 성격, 체계, 인생에 대해 진지하게 고민했다. 특히 멍거는 수백 편의 자서전을 읽는다. 직접 체험하지 않고 다른 사람의 실패를 교훈으로 삼는 것은 가장 빠르게 똑똑해지는 방법이기 때문이다."

바로 이것이 주식 투자 후 바로 수익을 내지 못해도 위대한 투자의 거장들이 꿋꿋이 버틸 수 있었던 힘이었다. 버핏은 현대 주식 시장 역사상 가장 유명하고 성공한 투자가로 손꼽힌다. 그는 입버릇처럼 "투자는 단순하지만 쉬운 일은 아니다"라고 말한다. 그의 영원한 파트너인 찰리 멍거 역시 "단순한 아이디어를 진지하게 다루라"라고 이야기한다. 이처럼 투자에 성공하는 데에 어떤 신묘한 재주나 비법이 필요한 건 아니다.

우리가 '더 클래식' 시리즈를 통해 소개하는 전략 역시 대부분 아주 단순하다. 하지만 가슴에 손을 얹고 생각해 보기 바란다. 그토록 기초적이고 간단한 투자의 규칙 중에서 제대로 알고 있거나 실전에 활용하는 내용이 단 하나라도 있는가? 우리는 왜 이토록 검증된 투자법을 그동안 외면해 왔을까? 이 책이 그러한 문제의식에 답하는 첫 번째 공부가 되길 바란다.

영혼을 불어넣는 동반자,
통섭적 투자가

미국 네브래스카주 오마하에서 의사로 활동하던 닐 데이비스Neal Davis 박사는 투자에 참여를 권유하기 위해 자신을 방문한 워런 버핏을 보고 자꾸만 어린 시절의 친구 찰리 멍거를 떠올립니다. 두 사람이 너무나 닮았기 때문이었습니다.

결국 버핏과 멍거는 데이비스 박사의 주선으로 1959년 처음 만나게 됩니다. 놀랍게도 둘에게는 뜻밖의 인연도 있었습니다. 알고 보니 멍거가 10대 시절에 경험 삼아 아르바이트를 했던 식료품점이 버핏의 할아버지가 운영하는 가게였던 것입니다. 이 만남을 계기로 멍거와 버핏은 둘도 없는 친구이자 영원한 동업자가 되었습니다. 물론 멍거는 로스앤젤레스에, 버핏은 오마하에 살고 있었기 때문에 자주 만나지는 못했지만, 이들은 걸핏하면 긴 통화를 할 정도로 금세 돈독한 사이가 됩니다.

버핏의 영향을 받아서인지, 멍거는 1962년 투자회사를 설립해 본격적으로 투자 사업에 뛰어듭니다. 두 사람은 이때부터 각자의 투자를 이끌어가면서 서로의 투자에 대해 조언을 주고받는 관계로 발전합니다. 멍거는 버핏이 뎀스터밀매뉴팩처링Demster Mill Manufacturing 투자 건으로 곤경에 처했을 때 위기를 극복하도록 기업회생 전문가인 해리 보틀Harry Bottle을 소개하거나, 버핏에게 법률 관련 문제가 생겼을 때 앞장서 처리하는 등 실질적인 도움을 주었습니다.

이처럼 도움을 주는 쪽은 주로 멍거였습니다. 아무리 인망 높고 현명한 선생님이 곁에 있더라도 친근한 학교 선배에게 먼저 도움을 구하는 것처럼, 버핏에게는 아버지뻘인 벤저민 그레이엄Benjamin Graham 교수보다 6살 연상의 형인 멍거가 마음을 터놓고 의논하기에 더 편한 상대였을지도 모르겠습니다.

결국 두 사람은 1966년에 디버시파이드리테일링Diversified Retailing Company Inc.(이하 'DRC')이라는 지주회사를 함께 설립하며 동업자 관계가 됩니다. 이들은 경품권 발행업체인 블루칩스탬프스Blue Chip Stamps에 함께 투자하고, 이 블루칩스탬프스를 통해 시즈캔디See's Candy, 웨스코파이낸셜 투자지주회사(이하 '웨스코')Wesco Financial, 언론사 버펄로이브닝포스트Buffalo Evening Post, 소스캐피털Source Capital 등에 투자를 이어갑니다.

그리고 1978년에 버핏이 DRC, 블루칩스탬프스와 버크셔해서웨이Berkshire Hathaway의 합병을 단행하면서 멍거는 버크셔해서웨이의 지분 2퍼센트를 보유하게 됩니다. 마침내 버크셔해서웨이의 주요 주주이자 부회장이 된 것입니다. 멍거는 현재까지도 공식적으로 버크셔해서웨이의 부회장입니다. 하지만 지금도 여전히 멍거는 로스앤젤레스에, 버핏은 오마하에 거주하며 전화로 의견을 나눕니다.

매년 5월, 오마하에서는 버크셔해서웨이 주주총회가 열립니다. 이때 버핏과 멍거는 꽤 오랜 시간 동안 주주와 저널리스트의 질문에 답변하곤 합니다. 오마하의 현인 버핏과 멍거 듀오가 직접 성스러운 메시지를 전해주는 이른바 '현자 타임', 말 그대로 현자들의 시간이라고 할 수 있습니다. 바로 여기서 멍거의 진면목이 드러납니다.

우선 멍거는 항상 버핏을 앞세울 뿐, 절대 자신이 앞으로 나서지 않습니다. 버핏을 매우 존중하는 것입니다. 버핏은 좀 수다스러운 편인데, 다소 장황하게 이야기를 늘어놓다가 멍거에게 할 말이 있느냐고 묻습니다. 그러면 멍거는 대체로 두 종류의 대답을 내놓습니다.

첫째로는 버핏의 장황한 말을 촌철살인 같은 유머 한 문장으로 받아치는 것입니다. '어떻게 순간적으로 저런 기가 막힌 애드리브를 생각해낼 수 있을까?' 싶을 정도로 그는 대단한 내공을 자랑합니다. 그의 한마디를 들으면 마치 시원한 사이다를 마신 듯한 기분이 듭니다.

둘째로는 "제가 더 보탤 말이 없습니다"라고 대답하는 것입니다. 그러면 버핏은 "연봉에 비해 일을 너무 안 하는 것 같다"라며 농담을 던집니다. 이들의 대화는 개그맨들의 스탠딩 코미디처럼 청중의 웃음보를 터트립니다. 물론 이들의 대화에 유머만 있는 건 아닙니다. 놀라운 지혜도 듬뿍 담겨 있습니다.

버핏은 어려서부터 각종 사업을 해온 타고난 사업가입니다. 그는 멍거를 만나기 전부터 돈벌이에서만큼은 이미 달인의 경지에 올라 있었습니다. 그럼에도 불구하고 멍거가 보기에 버핏에게는 부족한 점이 있었습니다. 처음에 버핏은 초과 수익을 얻으려면 무조건 주식을 '싼값'에 매수해야 한다고 생각했습니다. 그래서 싸구려 주식에 집착했습니다. 하지만 멍거가 보기에 이런 생각은 큰 수익을 올리기에는 적절하지 않았습니다.

멍거는 싸구려를 찾기보다는 '값진 것'을 찾아 매수해야 한다고 생각했습니다. 그리고 가치가 있다고 판단된다면 가격에 연연해하지 않아도 된다고 주장했습니다. 버핏이 멍거의 이런 생각을 받아들이기까지는 상당한 시간이 걸렸습니다. 하지만 멍거의 끈질긴 노력으로, 결국에는 우리의 버핏이 달라졌습니다.

이는 '그저 그런 기업을 염가로 매수하는 것보다 탁월한 기업을 적당한 가격으로 매수하는 것이 낫다'는 보완형 가치투자 전략으로 정리됩니다. 그레이엄이 버핏의 뼈대를 만들고 필립 피셔Philip Fisher가 살을 채웠다면, 거기에 멍거가 영혼을 불어넣은 셈입니다. 버핏을 설득하면서 멍거가 늘 했던 말이 있습니다.

"내 말이 무슨 뜻인지 알 거야. 자네는 똑똑하고, 나는 옳으니까."

멍거는 미시간대학교에서 수학을 전공했고, 군 시절에는 캘리포니아공과대학교에서 기상 전문가 교육을 받았으며,

전역 후 하버드법학대학원을 졸업해 변호사가 되었습니다. 그리고 부동산 시공 사업에 도전했고, 주식 투자를 하면서는 버핏과 동업하게 되었지요. 학력과 이력에서도 드러나듯이 멍거는 다양한 학문을 배워 여러 분야의 전문가가 되었습니다.

멍거는 '이런 사람'이라고 한마디로 정의하기 어려운 인물입니다. 그는 억만장자가 된 지금도 여전히 다양한 학문에 관심이 많습니다. 멍거는 지독한 독서광이기도 한데, 다양한 분야의 핵심 원리를 통섭적으로 정리하는 자신만의 사고방식인 '정신적 격자 모형'을 소개하기도 했습니다.

얼핏 보면 멍거는 다양한 분야에 박식하지만, 그런 지식을 뽐내기만 좋아하는 '현학자'처럼 보이기 쉽습니다. 하지만 멍거가 이렇게 통섭적인 공부에 집착하는 이유는, 우리가 살고 있는 이 세상이 너무도 복잡하기 때문입니다. 이 세상은 어느 한 가지 면으로만 설명하거나 해석할 수 없습니다.

예를 들어 기업 활동은 생명을 가진 유기체와 유사한 측면

이 있습니다. 그러므로 기업을 분석할 때는 생물학을 배우는 것이 도움이 되겠지요. 그런가 하면 경기 순환 주기는 물리학의 '파동' 개념과 유사합니다. 벤저민 그레이엄이 주장한 안전마진 역시 공학에서 찾아볼 수 있는 개념입니다.

그러므로 투자와는 전혀 관계없어 보일지라도, 여러 학문에서 나오는 기초 개념을 계속 배워가다 보면 투자도 당연히 쉽게 다가올 것입니다. 우리가 여러 학문을 배워 무언가에 통섭적으로 접근하는 이유는 세상을 제대로 파악하기 위해서입니다. 즉, 복잡함을 통해서 궁극적으로는 단순함을 추구하는 것입니다.

투자자들은 그림자처럼 항상 버핏 옆을 지키는 멍거가 도대체 어떤 인물인지 잘 모릅니다. 어쩌면 그저 '우연히 버핏과 친해지는 바람에 운 좋게 엄청난 부자가 된 사람' 정도로 생각할 수 있습니다. 사실 그럴지도 모르지요. 하지만 버핏과 만나지 않았더라도 멍거는 분명 대단한 인물이 되었을 것입니다. 그리고 멍거가 옆에서 적절한 조언을 해주지 않았더라면 지금의 버핏은 존재할 수 없었을 것입니다.

그만큼 멍거는 버핏에게, 그리고 버핏은 멍거에게 중요한 사람입니다.

버핏과 멍거가 만들어내는 환상적인 '케미'를 지금도 감상할 수 있다는 사실은 우리에게 큰 행운입니다. 여러분도 인생에 영혼을 불어넣는 멍거와 같은 솔메이트를 찾아보기 바랍니다. 그리고 이 책도 여러분의 인생과 투자에 영혼을 불어넣어주는 솔메이트가 되기를 간절히 바랍니다.

밸류리더스 회장

신진오

목 차

1부 찰리 멍거의 삶
일평생 편견에 맞선 거인

2부 찰리 멍거의 투자 철학
모든 것을 알 필요는 없다

1부
찰리 멍거의 삶

일평생
편견에 맞선 거인

세상에 불합리한 일들이 많다는 사실이

제겐 꽤 도움이 되었습니다.

버핏을 움직이는
막후의 실계자

1924

1924년 새해 첫날, 찰스 토머스 멍거Charles Thomas Munger(찰리 멍거)는 네브래스카주 오마하에서 변호사 앨프리드 멍거 Alfred C. Munger와 그의 아내 플로렌스 멍거Florence Munger의 장남으로 태어났다. 멍거 집안은 뼈대 있는 법조인 가문이었다. 찰리의 할아버지 토머스 찰스 멍거Thomas Charles Munger는 네브래스카주 링컨에서 판사로 재직했고, 찰리의 아버지 앨프리드 멍거 또한 대학에서 법학을 전공했다. 1915년 앨프리드는 오마하에 변호사 사무실을 개업했고, 1959년 세

상을 떠날 때까지 변호사로 활동했다.

인구 48만 명이 거주하고 있는(2020년 기준) 오마하는 네브래스카주에서 가장 큰 도시다. 오마하는 말런 브랜도Marlon Brando와 같은 유명 배우와 미국의 제38대 대통령인 제럴드 포드Gerald Ford의 고향으로도 유명하다. 미국의 급진파 흑인 해방 운동가 맬컴 엑스Malcom X도 오마하가 낳은 명사 중 한 명이다.

제2차 세계대전이 끝난 후 오마하는 서서히 투자자들의 본산으로 변모했다. 오마하가 이러한 명성을 얻기까지는 투자 지주회사 버크셔해서웨이의 쌍두마차인 버핏과 멍거의 공이 컸다. 매년 봄이면 버크셔해서웨이 주주총회에 참석하기 위해 수만 명의 투자자가 오마하로 몰려온다. 이 자리에서 회장 버핏과 부회장 멍거가 버크셔해서웨이의 최신 수치와 향후 동향을 발표하기 때문이다. 투자자들은 쇼처럼 흥미진진하게 기획된 행사들을 보며 그 매력에 홀딱 빠져든다.

멍거는 17세에 고향을 떠났지만 매년 주주총회에 참석하기 위해 오마하에 오는 걸 좋아한다. 고향을 사랑하는 그의 마음은 이 한 문장으로 느낄 수 있다.

"오마하에서 한 청년을 빼앗아 갈 순 있지만, 한 청년에게서 오마하를 빼앗아 갈 수는 없습니다."[1]

주주총회 방문 팁

다음은 버크셔해서웨이 주식을 보유하고 있거나 이에 투자하기 위해 주주총회를 방문하려는 이들을 위한 팁이다. 매년 5월에 개최되는 주주총회 전날 밤, 오마하 외곽에 위치한 보석상 보샤임Borsheim's Fine Jewelry에서는 버크셔해서웨이 주주들만을 위한 파티가 열린다. 이날 주주들은 대폭 할인된 가격으로 귀금속을 구매할 수 있다. 물론 이 행사는 수익을 목적으로 열리는 것이 아니다.

'주식 투자자들을 위한 우드스톡Woodstock(1969년 뉴욕주 교외의 한 농장에서 '3 Days of Peace & Music'이라는 구호 아래 열렸던 록 페스티벌을 말한다. 자본주의자들에게는 버크셔해서웨이 주주총회가 마치 록 페스티벌과도 같다는 비유다)'이라고 불리는 버크셔해서웨이 주주총회에서 버핏과 멍거는 먼저 최근 몇 년간의 사업 실적을 간략히 발표한다. 이어서 몇 시간에 걸친 질의응답이 이어진다. 이 시간에는 의례적으로 연출되는 장면이 있다. 버핏이 질문에 답한 후에, 뒤에 앉아 있는 멍거가 버핏의 답변에 대해 "더 보탤 말이 없군요I have nothing further to add"라는 말을 덧붙이는 것이다.

버크셔해서웨이 주주총회가 개최되는 주 토요일에는 '네브래스카퍼니처마트 버크셔 피크닉Nebraska Furniture Mart's Berkshire Picnic'이라는 대규모 가구 시장도 열린다. 주주총회는 물론, 이런 부속 행사에도 주주와 출입 허가를 받은 기자만 참여할 수 있다. 상대적으로 주가가 낮은 버크셔해서웨이 B주식 보유자들에게도 주주총회에 참석할 자격이 주어진다. 여기서 '꿀팁' 하나를 소개하면 주주는 본인 외에도 세 명을 동반할 수 있다는 것이다.

나는 안절부절하지 않고

주식을 소유하는 방법이 있다고 생각한다.[2]

버핏 식료품점의
아르바이트생

———————————— 1931 ————————————

멍거는 오마하에서 던디초등학교와 센트럴고등학교를 졸업했다. 사실 그는 처음부터 책 읽기에 능통한 학생은 아니었다. 하지만 독서를 즐기는 집안 분위기와 어머니의 열성 덕에 초등학생 때 이미 까다로운 수준의 책을 소화할 능력을 갖출 수 있었다. "나는 학교 공부가 아니라 책을 통해서 탁월한 지식인들을 폭넓게 알게 되었다. 내가 벤저민 프랭클린에 대해 학교에서 대체 무얼 배웠는지는 이제 가물가물하다. 하지만 내가 7살인가 8살이었을 때 침대에 누워서

읽었던 토머스 제퍼슨Thomas Jefferson 위인전은 지금도 생생하게 기억이 난다. 그 책은 마치 마법처럼 내 삶을 새로운 세계로 이끌었다."[3]

청소년 시절 멍거는 친하게 지내던 이웃 데이비스 가족의 집에서 많은 시간을 보냈다. 그의 여동생 메리 멍거Mary Munger와 윌라 데이비스Willa Davis는 아주 절친한 사이였고, 멍거는 남자 형제인 에디 데이비스Eddie Davis, 닐 데이비스와 가깝게 지냈다. 그는 데이비스 형제의 아버지를 성공한 의사라며 극찬하기도 했다. "원래 에드 데이비스Ed Davis 박사님은 우리 아버지와도 절친한 사이였다. 나는 5살 무렵부터 14살이 될 때까지 좀 괴짜 같은 행동을 일삼았는데, 이런 면에서 데이비스 박사님과 나는 정말 죽이 잘 맞았다. 우리는 서로를 너무 잘 이해하는 사이였다. 그와 나는 같은 부류의 사람이었다."[4]

데이비스 가족은 멍거의 인생에 아주 중대한 역할을 했다. 몇 년 후 데이비스 가족은 버핏의 첫 투자자가 되었고, 이를 계기로 멍거에게 자신들의 친구인 버핏을 소개해 주는 가교 역할을 한 것이다.

1930년대 초반 미국에는 대공황의 여파로 파산자가 넘쳐
났다. 하지만 멍거의 가족은 그런 시대 상황과 완전히 동떨
어져 있었다. 그의 아버지 앨프리드가 맡은 소형 비누회사
소송이 큰 수익을 안겨준 덕분이었다. 미국 대법원에 이 사
건의 상고 소송이 접수되면서 치약으로 유명한 대기업 콜
게이트Colgate가 소송에 직접 개입했고, 앨프리드 멍거는 상
당한 금액의 보수를 챙길 수 있었다.

이처럼 멍거 가족은 무척 유복했지만, 이와는 별개로 멍거
는 다양한 아르바이트에 도전했다. 버핏 가족과 처음 인연
을 맺은 것도 아르바이트를 통해서였다. "내가 버핏 가족
과 처음 만난 곳은 그들이 운영하던 식료품 가게였다. 그곳
은 근무 시간이 길고 보수가 적은 데다 너무 엄격해서 한
치의 실수도 허용되지 않았다."[5]

결국 멍거는 얼마 버티지 못하고 버핏 할아버지의 식료품
가게를 그만두었다. 식료품 가게 일은 고된 데다 그다지 흥

미롭지 않았기 때문이다. 이후 멍거는 미래의 예비 일자리 목록에서 '소매상'을 완전히 지워버렸다. "소매상은 긴 시간의 고된 노동과 정확성을 필요로 하는 일이었다. 나를 포함한 젊은 노동자들은 더 쉽고 효율적인 일을 찾을 수밖에 없었다."[6]

물론 멍거가 자신의 첫 고용주의 손자가 워런 버핏이었다는 사실을 알기까지는 한참이 걸렸다. 이때의 멍거는 지루하던 버핏 식료품점 주인의 손자와 영원한 파트너 관계가 되리라고는 꿈에도 생각지 못했다.

고등학교를 졸업한 후 멍거는 고향을 떠나 미시간주 앤아버에 있는 미시간대학교에서 수학을 전공했다. 동시에 그는 전공 선택 과목으로 물리학 입문 강의를 수강했는데, 물리학의 학문적 방법론을 특히 마음에 들어했다. "나는 물리학자로 활동하지는 않았지만 물리학이라는 학문을 높이 평가했고, 물리학적 방법론이 다른 영역에도 상당히 도움이 된다는 사실을 깨달았다."[7]

일본의 진주만공격으로 미국이 제2차 세계대전에 참전하자, 멍거는 학업을 중단하고 1942년 미국 공군의 전신인 육군항공대에 자원했다. 군 입대 시험에 당당히 합격한 그는 얼마 후 사병에서 최하급 장교인 소위로 진급했다.

멍거는 장교 신분으로 뉴멕시코주 앨버커키의 뉴멕시코대학교를 거쳐, 캘리포니아주 패서디나의 캘리포니아공과대학교에 배치되었고 그곳에서 기상 전문가 교육을 받았다. 멍거는 로스앤젤레스에서도 특히 인구가 밀집된 지역인 패서디나의 매력을 잊지 못했고, 전쟁이 끝난 후에도 캘리포니아주로 돌아가 터를 잡았다. "캘리포니아 남부는 네브래스카와 분위기가 사뭇 달랐습니다. 내가 사랑하는 오마하보다 훨씬 크고, 또 흥미로운 도시였습니다."[8]

기상 전문가 교육을 받은 후 멍거는 알래스카주에 배치되었다. 멍거는 "그때까지 저는 전투 작전에 투입된 적이 한 번도 없었습니다. 그래서 알래스카 북부의 항구 도시인 놈에 배치되었지요. 저는 전쟁에서 멀어질 수밖에 없는 상황이었습니다"라며 당시를 회상했다. 알래스카주에서 보냈던 고독한 시간은 이후 멍거의 인생에 큰 교훈을 남겼다. "지루했던 군 복무 시절과 변호사로 일했을 당시 즐겨 했던 포커 게임은 사업가로서의 내 능력을 키워주었다. 투자를 하려면 수익을 올릴 수 있는 타이밍을 정확하게 파악하고, 좋은 패를 가지고 있을 때 더 과감하게 베팅하는 법을 알아야 한다. 좋은 패는 자주 오는 것이 아니기 때문이다. 기회는 분명히 온다. 하지만 자주 오는 것이 아니므로, 그때가 오면 반드시 붙잡아야 한다."[9]

군 복무 시절 멍거는 여동생 메리 멍거의 대학 동창이었던 낸시 허긴스Nancy Huggins와 결혼했다. 그는 첫 번째 아내 낸시와의 사이에서 테디Teddy, 몰리Molly, 웬디Wendy를 낳았다.

1946년 군대에서 전역한 후 멍거는 아버지를 따라 법조인의 길을 걷기로 결심했다. 그는 학부 졸업장도 없이 하버드 법학대학원에 입학했는데, 1916년부터 1937년까지 하버드법학대학원 학장을 지낸 로스코 파운드Roscoe Pound 덕분이었다. 파운드 가족과 친분이 있던 멍거의 친구가 그를 파운드에게 추천해준 것이다. 멍거는 입학한 지 불과 2년 만

에 하버드법학대학원을 차석으로 졸업하며 법학 박사 학
위를 받았다.

근대 교육 이론에 의하면

전공을 익히기 전에 교양 교육이 필요하다.

나는 탁월한 투자 전문가가 되려면

마찬가지로 교양 교육이 필요하다고 생각한다.[10]

투자하는
변호사

─────── 1950 ───────

1948년 멍거는 가족과 함께 캘리포니아주 남부로 이사했고, 로스앤젤레스의 라이트앤드개릿Wright & Garrett 법률사무소에서 변호사 생활을 시작했다. 그의 첫 연봉은 3300달러로, 인플레이션을 감안해 현재 수준으로 환산하면 약 3만 달러다. 당시 미국 직장인의 평균 연봉인 3100달러와 비교하면 조금 높은 수준의 초봉을 받았다고 볼 수 있다.[11] 멍거는 이 시기에 이미 1500달러나 저축해두었는데, 현재 가치로 약 1만 4000달러에 해당하는 액수

였다.[12]

멍거는 로스앤젤레스로 오자마자 활발하게 인맥을 쌓기 시작했다. 그는 법조계 인사들과 친분을 맺기 위해 영국의 신사 클럽을 모티브로 한 캘리포니아클럽California Club을 비롯해 전통 골프 클럽인 로스앤젤레스컨트리클럽Los Angeles Country Club과 비치클럽Beach Club 등에 가입해 적극적으로 활동했다.

그리고 1950년대 초반부터는 주식 투자에 관심을 가지기 시작했다. 그 일환으로 자신의 의뢰인이었던 에드 호스킨스Ed Hoskins 소유의 회사 트랜스포머엔지니어스Transformer Engineers Company에 투자했다. 트랜스포머엔지니어스는 군수 산업에 필요한 고가의 변압기를 제조하는 회사였다. 하지만 한국전쟁이 끝난 후 군수품에 대한 수요가 급격히 줄어들었고, 결국 멍거와 호스킨스는 1960년 후반에 회사를 처분했다.

멍거는 "치열한 전쟁이었습니다. 온 신경이 바싹바싹 타들어갔지요. 우리는 모든 것을 다 날리기 직전이었습니다. 힘겹게 해결책을 찾았지만 묘안은 아니었습니다. 결국 손해를 보지 않는 선에서 가까스로 이 투자를 청산할 수 있었습니다"[13]라며 당시를 회상했다. 이 일을 겪으면서 멍거는 기술 분야에 대한 투자를 완전히 멀리하게 되었다. 참고로 당시에 변압기는 상당히 고도화된 첨단 제품이었다. 고령이 된 지금까지도 멍거는 신기술에 대한 투자를 극도로 꺼리는 편이다.

멍거는 사회생활 초년부터 커리어를 탄탄하게 다져왔다. 그러나 이런 그에게도 큰 시련이 닥쳐왔다. 첫 번째 아내인 낸시와 별거 끝에 1953년 결국 이혼을 한 것이다. 당시에 이혼은 엄청난 사회적 오명이었다. 낸시는 세 아이와 패서디나의 집에 남았고, 멍거는 가구가 딸린 대학생 기숙사로 들어갈 수밖에 없었다. 멍거의 딸 몰리는 부모님이 이혼했던 시기를 이렇게 기억했다. "1950년대에 이혼은 결코 흔한 일이 아니었습니다. 우리가 다른 가족과 달리 트라우마를 경험하고 있다는 사실을 알고 있었죠. 아버지는 낡아빠진 노란색 폰티악을 몰고 다니셨습니다. 아버지의 옷차림만 보면 생활수준이 무척 높아 보였지만, 그 끔찍한 노란색 폰티악 때문에 주머니에 돈 한 푼 없는 사람처럼 보이기도 했습니다."[14]

설상가상으로 이혼 후 멍거의 큰아들 테디가 백혈병 진단을 받았다. 그때까지만 해도 백혈병은 불치병이었고, 테디는 고통스럽게 투병하다가 결국 세상을 떠났다. 멍거는 "제 인생을 통틀어 서서히 자식을 잃어가는 것만큼 고통스러운 경험은 없었습니다"[15]라는 말로 아들을 잃은 아픔을 표현했다. "테디가 세상을 떠났을 당시 내 몸무게는 5~8킬로그램이나 감소해 정상 체중에도 미치지 못했습니다."[16]

하지만 멍거는 시련을 극복하고 다시 일어났다. 1956년 그는 동료의 소개로 알게 된 낸시 배리 보스위크Nancy Barry Borthwick와 재혼했다. 그와 마찬가지로 이혼의 아픔을 겪은 낸시에게는 전남편과의 사이에서 낳은 홀Hal과 데이비드David라는 두 아들이 있었다. 몇 년 후 두 사람 사이에서 아들 셋과 딸 하나가 태어났다. 멍거는 전처와의 사이에서 얻은 딸 둘을 데려왔고, 그리하여 두 번째 아내 낸시는 총 여덟

명의 자녀를 키우며 멍거 가문의 대살림을 꾸리게 되었다.[17]

1959년에는 멍거의 아버지 앨프리드 멍거가 세상을 떠났다. 멍거는 아버지의 유산을 정리하기 위해 오마하로 돌아왔다가 그곳에서 어린 시절 절친했던 친구 닐 데이비스와 재회했다. 당시 버핏의 투자회사에 투자를 하고 있던 데이비스는 버핏과 멍거가 아주 비슷하다고 생각했고, 두 사람을 소개시켜주기 위해 오마하 클럽에 식사 자리를 마련했다. 이날 처음 만난 멍거와 버핏은 같은 도시에서 어린 시절을 보냈다는 사실에 깜짝 놀랐다.

멍거는 버핏에게 "무슨 일을 하고 있습니까?"라고 물었다. 이에 버핏은 "투자조합을 운영하고 있습니다"라고 답했다. 이 말을 들은 멍거가 "로스앤젤레스에 있는 내가 당신과 동업하는 게 가능할까요?"라며 의미심장한 말을 남겼다. 버핏은 멍거를 뚫어져라 쳐다보다가 대답했다.

"물론 당신이라면 가능합니다."[18]

나중에 멍거는 버핏과의 관계에 대해 "워런과 나는 처음부터 죽이 척척 맞았습니다. 그래서 우리는 친구이자 사업 파트너가 될 수 있었습니다. 물론 투자를 하면서 서로 의견이 일치하지 않을 때도 많았지만 말입니다"[19]라고 이야기했다.

멍거는 아버지의 유산 정리를 마친 후 다시 로스앤젤레스로 돌아갔지만, 이후에도 버핏과 정기적으로 연락하며 친분 관계를 유지했다. 언젠가 멍거의 아내 낸시가 버핏에게 자신의 남편을 높이 평가하는 이유를 물은 적이 있었다. 이에 버핏은 "찰리가 보통 사람이 아니라는 걸 낸시는 왜 모르는 거죠?"[20]라며 오히려 되물었다고 한다.

멍거는 월급쟁이 변호사 생활을 몇 년 더 하다가 이렇게 해서는 큰 부자가 될 수 없겠다는 생각에 이르렀다. 그에게는 목표가 있었다. 멍거는 "워런처럼 나에게도 부자가 되고 싶은 열망이 있었습니다"라고 말했다. "나는 페라리를 타고 싶은 게 아니라 경제적 자유를 얻고 싶었습니다. 오랫동안 경제적 자유를 갈망했지만, 변호사로 일하는 한 그것을 이룰 수 없었습니다. 다른 사람에게 소송비 청구서를 보내는 내 신세가 처량하게 느껴졌습니다. 어떻게 이런 생각을 하게 되었는지는 모르겠습니다만, 어쨌든 나는 그랬습니다. 수십 년째 나는 정해진 수입으로 생계를 유지하고 저축하는 생활을 이어가던 중이었습니다."[21]

멍거는 그 대안으로 부동산 개발 프로젝트를 시작했다. 1960년 그는 로스앤젤레스 행콕파크에 있는 고급 저택을 매입한 뒤, 그 저택에 딸린 부지의 일부를 되팔아 상당한 수익을 남겼다. 그리고 남은 땅에 자신이 살 집을 지었다. 그는 이 집에서 아직까지도 살고 있다.

멍거는 이때의 경험을 바탕으로 몇 년 후에는 건축 시공업자로 변신했다. 변호사인 멍거에게 오티스 부스Otis Booth가 부동산 처분을 의뢰했을 때, 멍거는 부스에게 땅을 팔지 말고 직접 개발하라고 조언했다. "저는 오티스에게 직접 아파트를 지으라고 권유했습니다. '자네 집 두 채를 남의 손에 넘어가도록 내버려둘 건가? 집 두 채를 헐고 땅을 분할해서 하나씩 팔아보게'라고 말입니다." 그러자 부스는 이렇게 응수했다. "찰리, 자네가 말하는 것처럼 정말 이것이

돈을 벌 수 있는 좋은 아이디어라고 확신한다면 어째서 자네는 한 푼도 투자하지 않는가? 자네가 투자하지 않는다면 나도 조언을 받아들일 수 없네."[22]

멍거는 오래 고민하지 않고 부스의 제안을 받아들였다. 멍거가 이 첫 번째 부동산 투자로 얻은 수익은 20만 달러였다. 그는 이렇게 얻은 부동산 투자 수익을 또 다른 건축 프로젝트에 다시 투자하면서 자산을 꾸준히 늘려갔다.

나중에 멍거는 "부동산 사업을 접고 계산해 보니, 내가 부동산 투자로 벌어들인 총 수익은 140만 달러였다. 당시에는 꽤 큰돈이었다"[23]라고 고백했다. 이후 멍거는 부동산 사업을 발판으로 본격적인 투자 사업을 시작했다.

지금의 버핏을 만든 두 남자,
멍거와 그레이엄

가치투자의 창시자 벤저민 그레이엄은 뉴욕에서 투자회사를 정리한 후 1956년 캘리포니아주의 베벌리힐스로 거처를 옮겼다. 그곳으로부터 불과 30킬로미터 떨어진 패서디나에 살던 멍거는 그레이엄을 알게 되었다. 그레이엄과 멍거는 공통점이 많았기 때문에 서로를 잘 이해하고 존중했다. 멍거의 전기 작가 재닛 로우 Janet Lowe는 "그레이엄과 멍거 사이에는 놀라울 정도로 공통점이 많았다"라고 쓰고 있다.

"두 사람은 벤저민 프랭클린을 존경하며 본받으려고 애썼다. 또한 프랭클린, 그레이엄, 멍거 세 사람 모두 첫아들을 병으로 잃었다는 공통점이 있었다. 게다가 모두 당시에는 불치병이었으나 몇 년만 더 기다렸어도 치료할 수 있는 병이었다. 그레이엄과 멍거는 냉소적이고 썰렁한 유머를 즐겼고, 문학, 학문, 위대한 사상

가의 가르침에 흥미가 많았다. 두 사람 모두 고전을 인용하는 걸 좋아했다."[24]

멍거는 그레이엄의 가치투자 이론을 원칙적으로는 옳다고 보았다. 단, 그레이엄이 발전시킨 '담배꽁초 이론'을 비판했을 뿐이다. 담배꽁초 이론이란, 길거리에서 우연히 발견한 담배꽁초를 주우면 마지막 한 모금을 공짜로 빨아들일 수 있듯이 파산 직전의 기업을 찾아 마지막 수익을 올릴 기회를 이용하는 전략을 말한다. 멍거는 "벤저민 그레이엄의 이론에는 심각한 결함이 있었습니다. 그는 웃돈을 주고 살 정도로 우량한 기업이 있다는 사실을 놓쳤습니다"[25]라고 말했다.

그레이엄은 오직 파산 직전에 처해 주가장부가치Bookvalue Per Share(BPS)보다 낮은 가격으로 매입할 수 있는 기업만 찾아다녔다. 반면 멍거는 최고의 사업 모델이라면 BPS보다도 웃돈을 훨씬 많이 주고 주식을 매수할 의향이 있었다. 이 점에서 그레이엄과 멍거의 가치투자 전략은 큰 차이가 있었다.

멍거는 소위 '그레이엄 라운드'[26]의 창립 멤버다. 그레이엄 라운드란 다양한 분야의 가치투자 지지자들이 아이디어를 나누기 위해 정기적으로 모이는 행사로, 첫 회의는 1968년 캘리포니아의 코로나도호텔에서 개최되었다. 당시 이 회의에 워런 버핏, 빌 루안Bill Ruane, 톰 냅Tom Knapp, 월터 슐로스Walter Schloss, 헨리 브란트Henry Brandt, 샌디 고츠먼Sandy Gottesman, 마셜 와인버그Marshall Weinberg, 에드 앤더슨Ed Anderson, 버디 폭스Buddy Fox, 잭 알렉산더Jack Alexander 등 당대 최고의 투자자들이 총출동했다. 당연히 벤저민 그레이엄도 참석했다.

아인슈타인은 한 번도 고립되어 연구한 적이 없었다.

사람들은 누구나 대화를 나눌 수 있는 상대가 필요하다.[27]

휠러앤드멍거
투자회사의 설립

———————————— 1962 ————————————

1962년, 멍거는 본격적으로 투자 사업에 착수하면서 두 개의 회사를 설립했다. 먼저 그는 라이트앤드개릿 법률사무소의 동료들과 함께 멍거, 톨스, 힐스앤드우드Munger, Tolles, Hills & Wood라는 이름의 법률사무소를 새로이 설립했고, 1962년 2월에는 휠러앤드멍거 투자회사Wheeler, Munger & Co.를 설립했다. 하지만 그는 2년 만에 변호사로서의 활동을 줄이고, 투자 사업에 더욱 매진하기 시작했다. 멍거는 "나는 휠러앤드멍거 투자회사에 더 집중해야 한다는 확신

이 있었다. 실제로 변호사 업무보다 투자 사업으로 번 돈이
더 많았다"[28]라고 말했다. 다만 법률사무소에서의 자문 활
동은 계속했고, 사무실도 정리하지 않았다.[29]

나중에는 투자 사업에 더 집중하기 위해 전 동료들에게 법
무 처리를 맡기고 법률사무소에 대한 권한의 일부도 위임
했다. 현재 이 법률사무소는 '멍거, 톨스앤드올슨LLP Munger,
Tolles, Olson LLP'이라는 이름으로 운영되고 있고, 미국 법률사
무소상을 수상하며 로스앤젤레스, 샌프란시스코, 워싱턴
D.C. 지점까지 내는 등 승승장구하고 있다.[30]

앞에서도 언급했듯이 멍거 가문은 대대로 법조인을 배출
해 왔다. 찰리의 할아버지 토머스 찰스 멍거는 가난한 집에
서 자라 연방 판사가 되었고, 찰리의 아버지 앨프리드도 법
학을 전공해 44년 동안 변호사로 일했다. 비록 찰리 멍거
는 17년 만에 변호사 생활을 접었지만, 멍거 가문의 전통
은 지금도 유지되고 있다. 멍거의 8자녀 중 4명은 변호사
가 되었고, 변호사를 배우자로 둔 자녀도 5명이나 된다.

휠러앤드멍거 투자회사는 로스앤젤레스의 퍼시픽코스트 증권거래소Pacific Coast Stock Exchange(이하 'PCSE')와 같이 근엄한 분위기를 풍겼다. 멍거의 동업자 잭 휠러Jack Wheeler는 예일대학교를 졸업한 후 PCSE에서 트레이더로 일하고 있었다. 그러던 중 멍거에게 소송을 의뢰하면서 인연을 맺게 되었다. 멍거와 휠러는 정기적으로 포커 게임을 할 만큼 가까운 사이가 되었고, 이후 동업자 관계로 발전했다. 휠러앤드멍거 투자회사는 먼저 비서를 채용하고 나중에 에드 앤더슨Ed Anderson이라는 보조 사원을 채용하며 순조롭게 확장해 나갔다. 앤더슨은 그레이엄-뉴먼 투자회사 시절 버핏과 함께 일했던 동료로, 버핏이 멍거에게 추천한 사람이었다.

그러나 얼마 지나지 않아 멍거는 휠러와의 동업이 순조롭지 않다는 걸 깨닫고, 친구인 앨 마셜Al Marshall에게 동업을 권했다. 마셜은 휠러에 대해 이렇게 평가했다.

> 휠러는 여유롭게 살았던 사람으로 씀씀이가 컸습니다. 그도 자신의 이런 면을 잘 알고 있었습니다. 하지만 그는 멍거의 마음에 들지 않는 행동을 되풀이했습니다.[31]

결국 멍거는 휠러에게 휠러앤드멍거 투자회사에서 진행하고 있는 사업의 이익 배분에서 빠져달라고 설득할 수밖에 없었다.

휠러앤드멍거 투자회사는 소유주의 투자금 외에도 영향력 있는 주주들의 자금을 예탁받았다. 멍거는 부동산 사업으로 벌어들인 30만 달러를 회사에 투자했다. 멍거의 첫 부동산 사업 동업자인 오티스 부스 역시 그의 투자자가 되었다. 부스는 나중에 "나는 휠러앤드멍거 투자회사의 최대 투자자가 되었고 지금도 마찬가지다"[32]라고 밝혔다.

데일리저널Daily Journal 주주총회에서 멍거는 자신이 애용하는 최고의 투자 전략 중 하나를 소개한 적이 있다. 1962년 그는 새로 사귄 친구 앨 마셜과 골프를 치고 있었다. 마셜은 원래 석유 사업을 하던 사람이었으나 당시에는 실업자 신세였고, 석유 채굴권에 투자할 계획을 갖고 있었다. 두 번째 홀에서 멍거는 마셜에게 어떤 채굴권을 원하는지 물었다. 그리고 세 번째 홀에서 멍거는 마셜에게 그런 식으로 매입하는 건 좋은 방법이 아니라고 말했다. 그러면서 멍거는 마셜에게 자신이 자금 확보와 세금 문제를 처리할 테니, 나머지는 마셜이 처리하면 어떻겠느냐고 제안했다. 멍거는 시세보다 낮은 가격으로 거래되는 채굴권에 1000달러를 한 방에 투자했다. 그리고 수년 동안 멍거 가족은 매년 10만 달러의 수익을 챙겼다.[33] 멍거는 이런 기회는 일생에 단 한 번밖에 주어지지 않는다고 말했다. 한마디로 그는 단 한 번뿐인 기회를 놓치지 않고 붙잡은 것이다!

멍거는 정말 수익성이 있고 안전한 투자라고 판단되면 대출금으로 투자하는 것도 서슴지 않았다. 당시는 벤저민 그레이엄의 투자 원칙에 따라 담배꽁초 기업, 즉 전성기는 지났지만 마지막으로 빨아들일 한 모금이 남아 있는 기업(BPS보다 주가가 낮은 기업)에 투자하는 것이 가치투자의 전형이었다.

휠러앤드멍거 투자회사는 차익 거래를 전문으로 하면서 동시에 작은 기업들을 통째로 사들이기도 했다. 차익 거래의 대표적인 예가 브리티시컬럼비아파워British Columbia Power(이하 'BCP')의 지분 매입 건이다(잠시 용어를 정리하고 넘어가자. 차익 거래는 한 종목의 주식이 여러 시장에서 다른 가격으로 거래될 때만 가능하다). 당시 19달러에 거래되고 있던 BCP 주식을 캐나다 정부에서는 22달러에 매수하겠다고 제안한 상태였고, 멍거는 리스크가 없는 비즈니스라고 판단해 수중에 있던 돈을 전부 털어 BCP에 투자했다. 게다가 300만 달러나 대출을 받아 투자에 보태기도 했다. 나중에야 확인되었지만, 이는 그야말로 엄청난 규모의 비즈니스였다.[34]

찰리와 내가 버크셔해서웨이에서 일하며 가장 보람을 느낀 때는

우리가 좋아하고, 신뢰하고, 감탄하는 경영으로

경제적 해자를 확보한 기업들을 인수할 때였다.[35]

버핏과의
동업

———————— 1966 ————————

멍거는 1959년 친구 데이비스의 소개로 워런 버핏과 처음 만난 후부터 1960년대까지 줄곧 전화 통화로 의견을 나누며 친분을 쌓아갔다. 물론 이때까지도 두 사람은 공식적인 동업자 사이는 아니었지만, 이 위대한 투자가들의 관계는 꾸준히 발전하고 있었다.

멍거는 버핏에게 BCP 투자에 참여할 것을 권유했다.[36] 둘은 서로 조언을 주고받는 사이였고, 버핏은 멍거가 창업한 휠러앤드멍거 투자회사 직원으로 자신의 옛 동료인 에드 앤더슨을 추천하며 도움을 주기도 했다. 멍거 역시 버핏이 뎀스터밀매뉴팩처링 투자 건으로 위기에 처했을 때 기업 회생 전문가인 해리 보틀을 소개해 주는 등 조력자의 역할 을 다했다. 뎀스터밀매뉴팩처링에 투입된 보틀은 즉각 문 제를 파악하고 버핏의 편에 서서 확실하게 해결해 주었다. 나중에 버핏은 주주서한에서 보틀에 대해 이렇게 이야기 했다.

> "보틀은 시대에 한 명 태어날까 말까 한 인물이다. (…) 그는 불가능하다고 여겨지는 일을 침착하게 해결해 냈다."[37]

버핏은 법적인 문제가 생길 때마다 멍거의 법률사무소에 자문과 지원을 요청했고, 멍거는 늘 자기 일처럼 나서서 버 핏을 적극적으로 도와주었다.

1966년 초반 멍거는 버핏, 샌디 고츠먼과 함께 DRC라는 지주회사를 설립해 여러 소매기업을 사들이기 시작했다.

버핏은 DRC 지분의 80퍼센트를 보유했고, 나머지 지분 20퍼센트는 고츠먼과 멍거가 절반씩 나눠 가졌다. 처음 매수한 호크실드콘백화점Hochschild-Kohn은 DRC를 통해 자금을 조달했고, 일부 자금은 대출로 충당했다. 당시 버핏에게 대출을 받아 투자한다는 건 대단히 이례적인 일이었지만, 멍거는 이미 이전에 BCP 차익 거래를 하면서 대출 자금으로 사업에 성공한 경험이 있었다.

얼마 후 DRC는 어소시에이티드코튼숍Associated Cotton Shop과 손을 잡고 호크실드콘백화점의 지분을 계속 매수했다.[38] 하지만 여성 의류를 전문으로 취급하던 호크실드콘백화점의 사업 실적은 예상보다 저조했다. 다행히 멍거는 가까스로 손해를 보지 않고 호크실드콘백화점을 매각하는 데 성공했고, 이에 크게 안도했다. 나중에 멍거는 "호크실드콘백화점 인수는 요트 한 대 정도 살 수 있을 재력밖에 안 되던 남자에게 감당하기 어려운 엄청난 사건이었다"라고 고백했다. "호크실드콘백화점을 인수한 날, 그리고 매각한 날 나는 정말 행복했다."[39]

멍거와 버핏은 독립적으로 추진하는 투자 사업에서도 공통점이 많았다. 두 사람은 1960년대 말 캘리포니아주 패서디나에 소재한 경품권 발행업체 블루칩스탬프스의 지분을 대량으로 매입했다. 블루칩스탬프스는 독특한 사업 모델 덕분에 버핏 같은 투자자들이 눈독을 들이던 기업이었다. 블루칩스탬프스는 보험회사나 은행처럼 자유롭게 사용할 수 있는 여유 자금, 즉 '플로트Float(부동자금)'를 보유하고 있었다. 이들은 경품권 발행 회사였는데, 고객이 경품권을 행사하기 위해 빈칸을 다 채우려면 최소 4개월에서 최대 1년가량이 소요되곤 했다. 이 기간 동안 사용하지 않고 대기 중인 돈을 플로트로 이용하는 것이다. 쉽게 말해 블루칩스탬프스는 경품권 발행으로 얻은 수입을 장기간 동안 자유롭게 사용할 수 있는 기업이었다.

멍거와 버핏은 1970년대 초반 여타 기업들의 경영 통제권을 차지하기 위해 다수의 지분을 확보하는 일에 블루칩스탬프스를 투자 수단으로 이용했다. 멍거와 버핏은 1972년 블루칩스탬프스를 통해 로스앤젤레스 소재의 기업 시즈캔디See's Candy 를 인수했다. 시즈캔디는 벤저민 그레이엄의 가치투자 이론 원칙에 의하면 그다지 매력적인 투자 종목은 아니었다. 시즈캔디는 주식 시장에서 BPS보다 3배나 높은 가격으로 거래되고 있었기 때문이다. 하지만 멍거가 판단하기에 시즈캔디는 브랜드 인지도, 평판, 무제한에 가까운 가격 경쟁력 등 여러 질적 가치를 고려했을 때 충분히 가치 있는 기업이었고, 승산이 높은 거래였다. 멍거는 버핏을 설득했고, 결국 둘은 BPS보다 웃돈을 주고 시즈캔디 주식을 사들였다. "우리가 품질에 대한 대가를 지불한 것은 이번이 처음이었다."**40**

멍거는 사업을 시작한 이래 두 번째로 큰 거래를 버핏과 함께했다. 이 역시도 블루칩스탬프스를 통한 것이었다. 1972년 블루칩스탬프스는 웨스코 주식의 8퍼센트를 매입했다. 당시 웨스코 주식은 BPS의 절반보다도 낮은 가격으로 거래되고 있었기 때문에 헐값 매입이나 다름없었다.

그런데 그 후 웨스코는 갑작스럽게 샌타바버라파이낸셜 Financial Corporation of Santa Barbara과의 합병 계획을 발표했다. 버핏과 멍거는 합병 소식에 절망했고, 즉시 웨스코 경영진과 접촉을 시도했다. 오랜 협상 끝에 버핏은 웨스코의 대표이자 설립자의 딸이었던 엘리자베스 피터스Elisabeth Peters를 설득해 합병 계획을 무산시키는 데 가까스로 성공했다. 합병이 무산되자 웨스코 주가는 기다렸다는 듯이 폭락했고, 블루칩스탬프스는 이때를 틈타 주주들에게 합병이 무산되기 전 가격으로 웨스코 주식을 매수하겠다고 제안했다. 이 전략으로 블루칩스탬프스는 1974년 중반 웨스코의 지분 대다수를 보유하게 되었다.

하지만 버핏과 멍거는 웨스코 거래로 인해 SEC(미국 증권거래위원회)의 조사를 받았다. SEC는 블루칩스탬프스가 웨스코를 매수하기 위해 의도적으로 합병을 좌절시켰다는 의혹을 제기했다. SEC는 조사 2년 만에 사건을 종결했지만, 블루칩스탬프스는 경고 조치와 함께 11만 5000달러 상당의 손해배상금을 지급하라는 판결을 받았다.

1972년 말 멍거는 블루칩스탬프스의 지분 다수를 보유하고 있던 투자자 릭 게린Rick Guerin과 함께 거의 파산하다시피 한 폐쇄형 펀드를 사들였다. 매수 직후 멍거와 게린은

이 펀드를 새롭게 구성했다. 두 사람은 펀드의 명칭을 '뉴아메리칸펀드New American Fund'로 바꾸고, 경영진을 교체해 투자 전략을 새로 구상했다.

존 패트릭 게린(릭 게린)은 캘리포니아대학교에서 수학을 전공했다. 졸업 후 그는 IBM 영업부에서 경력을 쌓다가 이후 증권가로 자리를 옮겨 주식 거래인으로 활동했다. 이곳에서 그는 멍거를 알게 되었고, 멍거와 버핏의 투자 방식을 모방해 퍼시픽파트너스Pacific Partners Ltd.라는 투자회사를 설립했다. 1965년부터 1983년까지 퍼시픽파트너스를 통해 그는 변동률은 높지만 무려 32.9퍼센트의 수익률을 달성했다.

펀드에서 기존에 보유하고 있던 일부 종목들은 매도되었고, 새로운 기준에 따라 다른 종목들이 신규로 편입되었다. 새롭게 구성한 펀드 포트폴리오에는 미디어기업 캐피털시티스Capital Cities Communications와 법률 전문 출판사 데일리저널Daily Journal Corporation이 추가되었다.[41]

데이비드 샌트리David Santry라는 저널리스트는 「주주들의

천국, 뉴아메리칸펀드」라는 제목의 기사에서 뉴아메리칸
펀드의 성공기를 다음과 같이 묘사했다.

> 뉴아메리칸펀드는 외부 투자 자문 회사에 비싼 운용
> 보수를 지불하는 기존의 관행에서 벗어났다. 대신 릭
> 게린의 감독하에 내부적으로 투자 작업이 진행되고 있
> 다. 특히 펀드매니저의 보수 총액은 5만 4950달러밖
> 에 되지 않는다. 지난 몇 년간의 투자 실적은 탁월했다.
> 1974년 10월 BPS는 9.28달러에서 1979년 9월 30일
> 29.28달러까지 상승했다.[42]

멍거와 게린은 1986년에 뉴아메리칸펀드가 폐지될 때까지
이를 운용했다.

1970년대 말 멍거와 버핏은 또 한 차례의 빅딜을 성사시
켰다. 블루칩스탬프스를 통해 버펄로이브닝포스트Buffalo
Evening Post를 3550만 달러에 인수한 것이다. 인수 후 버펄
로이브닝포스트가 일요일 신문을 무료로 배포하는 프로모
션을 시작하자, 지역의 경쟁 신문사인 쿠리어익스프레스

Courier Express는 즉시 소송을 제기했다. 쿠리어익스프레스는 버펄로이브닝포스트가 불법으로 시장을 독점하려 한다며 비난했다. 긴 소송과 일부 직원의 파업 끝에 버펄로이브닝포스트는 큰 타격을 입었지만, 이들 역시 마찬가지였다. 쿠리어익스프레스 역시 심각한 적자를 기록하다가 1982년 결국 신문 발행을 중단했다. 멍거와 버핏은 이들이 버틸 수 있는 한계점까지 이미 계산하고 있었던 것이다. 이후 5년 동안 버펄로이브닝포스트는 1억 5000만 달러 이상의 수익을 달성하며 멍거와 버핏에게 큰 성공을 안겨주었다.[43]

또한 멍거와 버핏은 소스캐피털의 주식 20퍼센트를 매수했다. 소스캐피털은 고고 펀드(단기간에 최대의 주가 상승 차익을 얻으려는 투기 성향의 펀드) 매니저로 악명 높은 프레드 카Fred Carr가 1968년에 설립한 회사였다. 카가 운용에 실패해 인기가 하락한 펀드를 청산하면서 소스캐피털의 BPS는 18달러까지 떨어진 상태였지만, 실제 거래되는 가격은 9달러로 그보다도 현저히 낮았다. 이는 멍거와 버핏 같은 가치투자자들에게 구미가 당기는 먹잇감이었다. 이들은 곧바로 소스캐피털 주식을 매수했고, 몇 년 후 매수가보다 두 배나

높은 가격으로 팔아치우며 큰 수익을 거두었다.[44]

1962년부터 1969년까지, 설립 이후 약 9년 동안 휠러앤드 멍거 투자회사는 37.1퍼센트의 연 수익률을 달성하며 다우존스 산업 평균 지수(이하 '다우지수')보다도 높은 수익률을 오랜 기간 동안 유지했다. 1970년과 1972년 사이에도 13.9퍼센트의 수익률을 기록하며 다우지수보다 살짝 높은 수준을 유지했다.

하지만 이후 몇 년 동안 위기를 겪으면서 이들은 다우지수보다 훨씬 높은 손실률을 기록했다. 수익률이 1973년에는 -31.9퍼센트(다우지수 -13.1퍼센트), 1974년에는 -31.5퍼센트(다우지수 -23.1퍼센트)까지 떨어지며 휠러앤드멍거 투자회사는 큰 위기를 맞았다. 시간이 흐른 뒤 멍거는 "정말 힘든 시기였다. 1973년부터 1974년까지 고난이 많았다"[45]라고 회고했다.

다행히 1975년에는 실적이 눈에 띄게 좋아졌다. 연평균 수익률은 역대 최고인 73.2퍼센트(다우지수 44.4퍼센트)를 기록했다. 그럼에도 멍거와 마셜은 1976년에 휠러앤드멍거 투자회사를 해체하기로 결정했다. 해체 후 투자자들은 투자액에 해당하는 DRC와 블루칩스탬프스의 주식을 보상받았다. 두 회사가 1978년과 1983년 버크셔해서웨이에 합병되었을 때, 이 투자자들이 보유하고 있던 주식은 자동으로 버크셔해서웨이나 뉴아메리칸펀드로 전환되었다.

멍거는 "상황이 진정되었을 때 우리 가족이 휠러앤드멍거 투자회사를 통해 벌어들인 돈은 300만 달러, 부동산 사업 등을 통해 벌어들인 돈은 200만 달러였습니다"라고 밝혔다. "당시에 이는 꽤 큰돈이었고, 시기적으로도 큰돈을 벌기에 적절했습니다. 나는 기가 막히게 수익성이 좋은 주식을 보유하고 있었고, 좋은 가격에 팔아치웠습니다."[46]

하지만 멍거 개인적으로는 매우 힘든 시간을 보냈다. 1974년 7월에는 어머니 플로렌스 멍거가 세상을 떠났고, 엎친 데 덮친 격으로 멍거의 건강에도 이상이 발생했다. 백내장을 앓고 있던 그는 실명될 위기에 처했고, 결국 1978년에 백내장 수술을 받았다. 그러나 수술받은 왼쪽 눈에 합병증이 생기는 바람에 멍거는 극심한 통증에 시달려야 했다. 왼쪽 눈을 제거하고 유리로 만든 인공 안구를 끼워 넣어야 할 상황이었다.

그러나 오른쪽 눈까지 수술을 받게 되면서 멍거는 인공 안구로 교체하는 걸 포기할 수밖에 없었다. 그 대신 그는 렌즈가 아주 두꺼운 백내장용 안경을 착용하기 시작했다. 나중에 멍거는 백내장용 안경에 대해 자조적인 표현으로 심경을 밝혔다. "요즘 같은 시대에 백내장 안경을 쓰는 사람이 대체 어디 있단 말인가? 아마도 내가 세계에서 가장 마지막으로 백내장 안경을 쓰는 사람이 될 것 같군."[47]

유쾌한 사교계의 주인공

찰리 멍거라는 인물을 묘사한 글은 꽤 많다. 미국의 금융 저널리스트이자 작가 로저 로웬스타인Roger Lowenstein은 멍거에 대해 이런 글을 남겼다.

"찰리는 매우 유쾌하고 뽐내길 좋아하는 사람이었다. (…) 평생의 파트너였던 버핏과 달리 그는 통이 큰 사내였다. 그는 다양한 대륙을 돌아다니며 송어, 레이디피시, 대서양 연어를 잡았다. 그는 캘리포니아 클럽 호프를 소유하고 있었고 와인 한 잔이 들어가면 파티의 주인공으로 변신했다."[48]

한편 레그메이슨 투자회사의 수석 투자 전략가 로버트 해그스트롬Robert Hagstrom은 멍거를 '학문 애호가(통섭주의자)'라고 묘사하고 있다.

"멍거는 자연과학, 역사, 철학, 심리학, 수학 등 다양한 영역의 학문에 관심이 많았다. 그리고 각 영역의 핵심 아이디어를 투자 계획이나 결정에 신중하게 적용할 수 있다고 확신했다."[49]

전기 작가 재닛 로우는 찰리 멍거가 남다른 배포를 지닌 예술 후원자로도 유명했다고 밝혔다.

"멍거는 버크셔해서웨이 지분의 일부를 굿사마리탄 병원, 가족계획협회, 스탠퍼드대학교 법률대학원, 하버드웨스트레이크스쿨에 각각 100주씩 기증했다."[50]

참고로 버크셔해서웨이 A주식의 시세는 2018년 3월 기준으로 주당 30만 달러 수준이었다.

이처럼 멍거는 다른 성공한 투자자들과는 조금 다른, 유쾌하면서도 엉뚱한 면모를 지닌 독특한 캐릭터의 인물이었다. 그는 무언가를 배우는 것을 좋아했고, 미지의 영역에 진입하는 것을 겁내지 않았다.

어쩌면 이러한 그의 몽상가적이고 창의적인 삶의 태도 덕분에, 다소 보수적이라고까지 평가받는 버핏의 경직된 투자 성향과 멍거의 도전적인 투자 성향이 조화롭게 어우러진 것일지도 모른다. 멍거는 현재 세계에서 활동 중인 수많은 투자의 대가 중에서도 가장 나이가 많은 고령자에 속하지만, 그 누구보다 소년 같은 상상력으로 투자에 임하고 있다.

나는 버크셔해서웨이가

잘될 것이라고는 생각했지만,

이렇게까지 잘될 줄은 몰랐다.[51]

버크셔해서웨이에서의
성공기

1978

스트레스가 심했던 웨스코 소송과 SEC의 조사가 종결
되자, 버핏은 그사이 복잡해진 회사 조직을 재편했다.
1978년에 그는 DRC와 버크셔해서웨이를 합병했다. 멍거
는 DRC 지분 대신 버크셔해서웨이의 지분 2퍼센트를 받
으며 공식적으로 버핏의 파트너가 되었다. 그리고 그는 버
크셔해서웨이의 부회장으로 임명되었다.

멍거는 햇살 가득한 패서디나를 떠나지 않은 채 버핏의 뒤

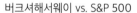

버크셔해서웨이 vs. S&P 500

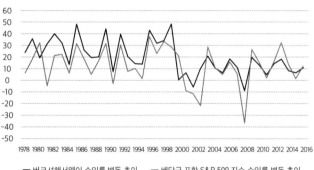

— 버크셔해서웨이 수익률 변동 추이   — 배당금 포함 S&P 500 지수 수익률 변동 추이

(단위: %)

에서 조력자로 활동했다. 버핏의 전기 작가 앨리스 슈뢰더는 "멍거는 투자 자체보다 사고방식으로 버핏에게 훨씬 더 많은 영향을 끼쳤다. 하지만 두 사람의 투자 스타일에는 뚜렷한 차이가 있었다. 이것은 버핏이 긍정적으로 생각하는 사업에 멍거가 거부권을 행사할 때 가장 많이 나타났다"라고 쓰고 있다.[52]

1978년에 멍거가 버크셔해서웨이의 부회장으로 임명된 뒤부터 버크셔해서웨이의 실적은 그야말로 고공행진을 계속했다. 39년 중 29년이라는 긴 시간 동안 버크셔해서웨이는 스탠더드앤드푸어스 500Standard & Poor's 500(이하 'S&P 500') 지수보다 훨씬 높은 수익률을 자랑했다. 두 거인은 어떻게 이런 엄청난 실적을 거둘 수 있었을까?

이 실적은 '바탕이 탄탄한 가치투자' 덕분이었다. 버크셔해서웨이는 지난 40년 동안 유명 기업의 지분을 다량으로 보유해 왔다.

그들은 무려 40년간 살로몬브러더스Salomon Brothers, 골드만

삭스Goldman Sachs, 웰스파고Wells Fargo 등의 투자은행을 비롯해 미디어기업 워싱턴포스트와 캐피털시티스와 ABC방송American Broadcasting Company, 음료기업 코카콜라와 기네스, 식료품기업 하인즈, 재보험사 제너럴리General Re와 뮤닉리Münchener Rück, 에너지 공급업체 페트로차이나PetroChina와 코노코필립스ConocoPhillips, 이 외에도 질레트Gillette, 제너럴일렉트릭General Electric, 리글리Wrigley, 존디어John Deere, 애플 등 수많은 글로벌 기업의 지분을 갖고 있었다. 찰리 멍거는 현재까지도 이 중에서 일부 기업의 주식을 보유하고 있다.

멍거와 버핏은 버크셔해서웨이를 통해 70개 이상의 회사를 사들였다. 대표적인 기업들은 다음과 같다. 버펄로이브닝포스트, 가구거래회사 네브래스카퍼니처마트, 보석상 보샤임, 복합 기업 스콧앤드페처Scott & Fetzer Comapny, 패스트푸드 체인점 데어리퀸Dairy Queen, 섬유기업 프룻오브더룸Froot of the Loom, 부동산 중개 서비스업체 홈서비스오브아메리카HomeServices of America, 모바일 주택 제조업체 클레이튼홈즈Clayton Homes, 철도회사 벌링턴노던산타페Burlington Northern Santa Fe, 에너지 대기업 미드아메리칸에너지

MidAmericanEnergy, 배터리 제조회사 듀라셀Duracell, 보험회사 가이코GEICO 등이다.

버핏이 멍거의 도움을 받아

대형 캔버스에 그려낸 역작이 버크셔해서웨이라면,

멍거가 버핏의 도움을 받아

소형 캔버스에 자신만의 색채를 표현한 작품은 웨스코입니다.[53]

멍거가 그려낸 캔버스,
웨스코

---— 1979 ---—

1970년대 말 블루칩스탬프스가 보유한 금융 지주회사 웨스코의 지분은 80.1퍼센트에 달했다. 멍거는 웨스코의 이사회 대표로 임명되었다가 1984년에는 회장으로 추대되었다. 이후 멍거는 웨스코를 자신의 투자 수단으로 확장해 나갔다. 버핏이 섬유기업 버크셔해서웨이를 지주회사로 확장해간 것과 유사한 방식으로 말이다. 1979년 2월 웨스코는 철강제품 도매업체 프리시전스틸웨어하우스Precision Steel Warehouse Incorporation를 1500만 달러에 매입했

고,[54] 1980년대 중반에는 재보험사 웨스코파이낸셜인슈어런스Wesco Financial Insurance Company를 오마하에 설립했다. 1996년 7월에는 캔자스뱅커스슈어러티Kansas Bankers Surety Company를 인수하면서 사업 영역을 '은행을 위한 보험'으로 더욱 확장했다. 웨스코파이낸셜인슈어런스는 이들을 인수하는 데 약 8000만 달러를 현금으로 지불했다.[55]

이처럼 보험사를 통합하며 자유롭게 사용할 수 있는 플로트가 웨스코로 흘러 들어갔고, 멍거는 이 자금을 다른 투자에 활용했다. 버크셔해서웨이의 운영 방식과 매우 유사하다. 플로트의 잠재력을 누구보다도 잘 알고 있었던 버핏은 보험사, 은행, 경품권 발행업체 블루칩스탬프스를 인수했다. 이 기업들의 공통점은 플로트를 마음껏 이용할 수 있다는 것이었다. 1993년 웨스코는 핵심 사업이었던 주택저축조합 뮤추얼세이빙스Mutual Savings와 론어소시에이션패서디나Loan Association of Passadena를 정리했다. 이들은 9200만 달러 상당의 여신 포트폴리오와 2억 3000만 달러 규모의 예금, 뮤추얼세이빙스 지점 두 곳을 샌페드파이낸셜CenFed Financial Corporation에 이미 매도한 상태였다.[56] 복잡하고 정치적으로 불안한 주택금융사업에서 보험업으로 방향을 전환한 것이다. 이에 대해 멍거는 다음과 같은 코멘트를 남겼다. "우리는 왜 (보험처럼) 우리에게 유용한 사업을 하지 않는 것일까요? (주택금융사업처럼) 복잡하지 않은 사업은 없을까요?"[57] 다만 뮤츄얼세이빙스, 론어소시에이션, 부동산업체 MS프로퍼티MS Property Company의 소수 지분은 계속 웨스코의 소유로 남았다.

MS프로퍼티는 패서디나의 사무실 건물뿐만 아니라 캘리포니아에서 소형 쇼핑센터도 운영하고 있었다. 멍거는 야심차게 MS프로퍼티 운영 체제하에 샌타바버라에 대형 주택단지 '몬테시토시메도Montecito Sea Meadow'를 개발했다. 하지만 버핏이 농담조로 '멍거빌Mungerville'이라고 불렀던 이 프로젝트는 아쉽게도 실패로 돌아갔다. 건축감독관청과의 오랜 협상 끝에 겨우 건축에 착수했지만, 완공 후에도 주택단지는 잘 팔리지 않았다. 그나마 있는 매입자들도 대부분 멍거의 지인들이었다. 멍거의 친구이자 전 파트너였던 오티스 부스는 멍거빌에 주택을 구입한 후 이런 말을 남겼다.

"멍거가 압력을 넣어서 어쩔 수 없이 매입했습니다. 굳

이 집을 한 채 더 살 필요가 없는 상황이었죠."**58**

2000년 2월에 웨스코는 코트비즈니스서비스Cort Business

Services를 현금 3억 8600만 달러에 인수했다.**59** 이들은 기업을

인수하는 것 외에도 안정적 가치를 지닌 기업이라고 판단

되면 그 주식을 적극적으로 매수했다. 자금은 예비금과 플

로트, 포트폴리오에 있는 기업의 수익을 활용했다. 1999년

웨스코의 매출은 약 28억 달러였다. 그중 19억 달러는 주택

담보 여신기관 프레디맥Freddie Mac이 확보한 매출이었다. 그

리고 이 시기에 웨스코는 코카콜라와 질레트에도 8000만

달러를 투자했다. 웨스코는 US에어US Air 같은 여행업체의

우선주를 갖고 있었고, 아메리칸익스프레스American Express

와 웰스파고에도 소수의 지분을 보유하고 있었다.**60**

웨스코와 버크셔해서웨이의 유사점을 투자 전략에서만 찾

을 수 있는 것은 아니다. 웨스코 회장 시절, 멍거도 버핏처

럼 사업 동향을 설명하는 주주서한을 주주들에게 보냈다.

매년 개최되는 웨스코 주주총회에도 주주와 저널리스트를

위한 질의응답 시간이 있었다. "버크셔해서웨이와 웨스코의 주주총회 방식은 하나의 의식으로 발전했습니다. 이는 아름다운 문화입니다. 사람들은 함께할 수 있는 사람을 좋아하니까요. 우리(버핏과 멍거)는 바로 이런 일을 하고 있습니다."[61] 하지만 버크셔해서웨이와 웨스코의 유사점을 언급하면 멍거는 예민한 반응을 보였다. 멍거는 버크셔에 대해 "웨스코는 버크셔해서웨이만큼 비전이 크지도 않고 밝지도 않습니다. 더 나은 점이라면 규모가 더 작은 기업이므로 더 쉽게 성장할 수 있다는 것이지요"[62]라고 말했다.

2011년, 웨스코의 역사는 마침내 마침표를 찍었다. 버크셔해서웨이는 웨스코의 잔여 주식 20퍼센트를 인수한 뒤 웨스코를 청산했다. 멍거가 웨스코 회장이었을 때 웨스코 지주회사의 수익률은 S&P 500 지수를 훨씬 앞섰다. 물론 버크셔해서웨이의 수익률보다는 훨씬 떨어지는 수준이었다.[63] "나는 분산투자 전략이 말 그대로 정신 나간 이론이라고 생각한다. 투자 수익률이 지수에 수렴할 수밖에 없다고 생각한다. 채찍과 총으로 협박하지 않으면 정녕 기차에 뛰어들 용기가 없단 말인가?"[64]

행복해지는 최선의 길은

목표를 낮추는 것이다.

천재 투자가
찰리 멍거

멍거는 버크셔해서웨이 부회장직을 수행하면서 동시에 다른 기업의 경영진으로도 활동했다. 그는 로스앤젤레스에 위치한 법률 전문 출판사 데일리저널의 주식을 대량 보유하고 있었을 뿐만 아니라, 워싱턴주의 도매 체인 코스트코 홀세일Costco Wholesale Corporation의 지분 또한 갖고 있었다.

멍거는 데일리저널 회장으로서 2009년 금융 위기 당시 직격탄을 맞은 기업들의 주식을 사들이기 시작했다. 여기에는 U.S.뱅크코프U.S. Bancorp, 뱅크오브아메리카Bank of America Corporation, 웰스파고가 포함되어 있었다. 특히 그는 한국의 철강 생산업체 포스코의 주식을 대량으로 매입했다. 자주 있는 일이긴 하지만, 멍거에게는 본능적으로 좋은 주식을 알아보는 눈이 있었다는 사실이 새삼스레 재확인된 셈이다. 또한 멍거는 대량으로 주식을 매입함으로써 데일리저널에 새 생명을 불어넣어 주었다.[65]

2009년 초반 데일리저널에 투자된 자금은 2000만 달러에서 2009년 말 1억 6000만 달러로 증가했다. 2015년 말에는 데일리저널의 자산 중 주식이 55퍼센트를 차지했다. 웰스파고는 570퍼센트, 뱅크오브아메리카는 431퍼센트, U.S.뱅크코프는 374퍼센트를 기록하며 은행주 모두 투자 7년 만에 주가가 대폭 상승했다. 단 2009년부터 2015년까지 유일하게 포스코만 주가가 31퍼센트 하락하며 아쉬운 결과를 남겼다.[66]

멍거의 거친 입담

멍거는 거친 입담의 소유자로도 유명하다. 이 자리에서 그중 몇 가지를 소개하려고 한다.

"나는 뻔뻔함으로 검은 띠를 딴 사람입니다. 태어날 때부터 뻔뻔했죠."[67] "확률을 자기 것으로 만들지 못하는 사람은 한발 뛰기로 경쟁하다가 제풀에 꺾여 넘어질 수밖에 없습니다."[68] "똥 무더기에 건포도를 섞어놓으면 똥 무더기밖에 되지 못합니다."[69] "자본주의는 원래 야만적인 겁니다."[70] "나는 평가를 의뢰하지 않습니다. 내 책상에 평가 보고서 같은 서류가 놓여 있는 건 딱 질색이니까요."[71] "돼지와는 싸우지 마십시오. 당신만 더러워질 뿐입니다. 하지만 돼지는 이런 상황을 즐기겠죠."[72] "어쩌면 사람들은 나를 잘난 척 하기를 좋아하는 사람으로 기억할지 모르겠습니다."[73]

2부
찰리 멍거의 투자 철학

모든 것을
알 필요는 없다

이보게 버핏,

나는 절대로 주식의 내재가치 이상을 지불할 생각이 없다네.

버크셔의 숨은 주역
찰리 멍거의 실적

워런 버핏이 지금의 버크셔해서웨이를 일군 주역이라는 것은 자명한 사실이다. 하지만 찰리 멍거 또한 조언자이자 아이디어 제공자, 나중에는 사업 파트너로 변모하며 버크셔해서웨이의 성장에 거대한 발자취를 남겼다.

버핏과 멍거가 버크셔해서웨이의 성공에 얼마나 기여했는지 그 수치를 정확히 따지려면 오랜 고민이 필요하다. 버핏은 '헐값 사냥꾼'이었던 반면, 멍거는 최고 품질의 주식이라면 기꺼이 더 높은 값을 쳐주는 사람이었다. 버핏과 멍거는 한 팀의 투자자로서 가치투자를 새로운 영역으로 끌어올렸다. 따라서 멍거 역시 버크셔해서웨이의 성공에 상당히 기여했다고 볼 수 있다.

상장 지주회사 버크셔해서웨이의 성공 실적은 전무후무하다. 50년이 넘는 기간 동안 버핏과 멍거 듀오가 이끄는 버크셔해서웨이는 S&P 500 지수를 거의 100퍼센트 정도 앞섰다. 버크셔해서웨이의 주가장부가치Bookvalue Per Share(BPS)는 19.1퍼센트를 기록한 반면, 같은 기간 S&P 500 지수의 BPS는 9.9퍼센트에 그쳤다.

95쪽의 표는 1965년 버핏이 버크셔해서웨이를 설립한 이후 2017년까지의 실적을 정리해놓은 것이다. 버크셔의 BPS 변동률을 미국의 대표적인 주가 지수인 S&P 500의 BPS 변동률과 비교했다. 버핏은 BPS를 실적 평가의 가장 중요한 기준으로 삼았다(둘의 시작 시점이 비슷한 것은 우연이다).

연도	버크셔해서웨이	S&P 500 (배당금 포함 실적)	상대적 비교
1965	23.8	10.0	13.8
1966	20.3	-11.7	32.0
1967	11.0	30.9	-19.9
1968	19.0	11.0	8.0
1969	16.2	-8.4	24.6
1970	12.0	3.9	8.1
1971	16.4	14.6	1.8
1972	21.7	18.9	2.8
1973	4.7	-14.8	19.5
1974	5.5	-26.4	31.9
1975	21.9	37.2	-15.3
1976	59.3	23.6	35.7
1977	31.9	-7.4	39.3
1978	24.0	6.4	17.6
1979	35.7	18.2	17.5
1980	19.3	32.3	-13.0
1981	31.4	-5.0	36.4
1982	40.0	21.4	18.6

연도	버크셔해서웨이	S&P 500 (배당금 포함 실적)	상대적 비교
1983	32.3	22.4	9.9
1984	13.6	6.1	7.5
1985	48.2	31.6	16.6
1986	26.1	18.6	7.5
1987	19.5	5.1	14.4
1988	20.1	16.6	3.5
1989	44.4	31.7	12.7
1990	7.4	–3.1	10.5
1991	39.6	30.5	9.1
1992	20.3	7.6	12.7
1993	14.3	10.1	4.2
1994	13.9	1.3	12.6
1995	43.1	37.6	5.5
1996	31.8	23.0	8.8
1997	34.1	33.4	0.7
1998	48.3	28.6	19.7
1999	0.5	21.0	–20.5
2000	6.5	–9.1	15.6

연도	버크셔해서웨이	S&P 500 (배당금 포함 실적)	상대적 비교
2001	-6.2	-11.9	5.7
2002	10.0	-22.1	32.1
2003	21.0	28.7	-7.7
2004	10.5	10.9	-0.4
2005	6.4	4.9	1.5
2006	18.4	15.8	2.6
2007	11.0	5.5	5.5
2008	-9.6	-37.0	27.4
2009	19.8	26.5	-6.7
2010	13.0	15.1	-2.1
2011	4.6	2.1	2.5
2012	14.4	16.0	-1.6
2013	18.2	32.4	-14.2
2014	8.3	13.7	-5.4
2015	6.4	1.4	5.0
2016	10.7	12.0	-1.3
2017	23.0	21.8	1.2
평균	19.1	9.9	9.2

버크셔해서웨이가 53년 중 41년이나 S&P 500 지수를 앞섰다는 것은 매우 인상적인 성과라고 할 수 있다. 이는 멍거가 손실을 피하는 전략을 성공시켰기 때문에 가능한 일이었다. 이와 관련해 버핏은 다음과 같은 단순한 조언을 남겼다.

> "투자의 제1원칙은 절대 돈을 잃지 말아야 한다는 것이고, 제2원칙은 제1원칙을 절대 잊어서는 안 된다는 것이다."

멍거와 버핏은 버크셔해서웨이를 이끌면서 이 원칙을 항상 명심했다. 버크셔해서웨이의 BPS가 하락한 해는 2001년과 2008년 단 두 해뿐이었다. 심지어 이 두 해는 주식 시장이 거의 붕괴됐던 시기로, 대부분의 상장 기업들은 주가가 이보다도 훨씬 더 큰 폭으로 폭락했다. 이러한 점을 생각해 보면 버크셔해서웨이는 비교적 좋은 성과를 이뤄 온 셈이다.

버크셔해서웨이의 BPS는 연평균 19퍼센트 넘게 상승했다.

관찰 기간이 무려 53년이나 된다는 점을 고려하면 믿기 어려운 실적이다. 반면 같은 기간 동안에 S&P 500 지수는 연평균 9.9퍼센트의 수익률을 기록했을 뿐이다.

이처럼 높은 투자 수익률이 의미하는 바는 분명하다. 버크셔해서웨이가 장기간 엄청난 수익률을 유지한 것은 우연의 산물이 아니며, 버핏과 멍거의 가치투자 전략은 오랜 기간 동안 시장에서 통했다는 사실이다. 게다가 이 듀오의 전략은 리스크마저 예측할 수 있었다. "사람들은 훌륭하지만 단순한 아이디어가 지닌 의미를 우습게 평가하는 경향이 있다. 나는 버크셔해서웨이가 이런 아이디어의 가치를 전달하기에 적합한 기업이라고 생각한다. 우리는 몇 가지 훌륭한 아이디어가 실제로 작용하는 것에서 교훈을 얻을 수 있다. 내가 보기에 우리의 필터는 꽤 잘 먹혔다. 우리의 아이디어는 그만큼 단순했기 때문이다."**[74]**

멍거는 성공한 투자자로 억만장자 클럽에 들어갈 수 있었다. 특히 그가 버크셔해서웨이의 회장 워런 버핏과 찰떡궁합의 파트너라는 사실이 알려지면서 더욱 유명세를 탔다.

1970년대 후반에 멍거는 버크셔해서웨이의 부회장으로 취임하면서 버핏과 성공적인 사업 전략을 공동으로 수립했다.

담배꽁초 투자 전략만 고집하던 시절, 버핏은 큰돈을 벌 수 없었다. 멍거는 주식을 매수하거나 특정 기업을 인수할 때 단순한 양적 가치 기준 외에도 브랜드 가치와 같은 질적 기준을 고려해야 한다고 버핏을 설득했다. 결국 버크셔해서웨이가 성공할 수 있었던 결정적인 요인은 투자의 평가 기준을 양적 가치에서 질적 가치로 확장시킨 데 있었다.

CNBC와의 인터뷰에서 리포터가 멍거에게 버핏과 전화 통화를 얼마나 자주 하느냐고 물었다. 멍거는 "전보다는 통화 횟수가 확실히 줄어들었습니다. 이제 우리는 서로의 생각을 이미 알고 있기 때문이지요. 다 알고 있는 생각을 알아내려고 시간을 낭비하지 않습니다"라고 답했다. 그리고 버핏이 답을 이어갔다.

"우리는 오랜 부부와 같은 사이입니다. 왜 투덜대는지

금방 알아차리는 부부처럼 말이지요. 전화 요금이 비싸고 돈도 많지 않던 시절에는 몇 시간이고 통화를 했습니다만, 지금은 2주에 한 번 정도면 충분합니다."[75]

버핏과 멍거는 가치투자 전략을 선호하지만 이를 바라보는 시각에는 분명 차이점이 있다. 두 사람의 전략은 비슷하지만 똑같지는 않다. 따라서 버크셔해서웨이의 위대한 투자가 버핏과 멍거의 전략을 각각 살펴보는 것도 의미 있는 일이다. 2부에서는 버크셔해서웨이의 숨은 주역인 찰리 멍거의 투자 철학을 살펴보도록 하자.

그레이엄은

누구나 적용할 수 있는 시스템을

마련하길 원했다.[76]

그레이엄의 가치투자 전략에 따른
기본 투자 원칙

한마디로 멍거는 가치투자자다. 그는 그레이엄과 데이비드 도드David Dodd가 발전시킨 가치투자 이론을 따르고 있다. 우선 그레이엄의 가치투자 전략에 따른 기본 투자 원칙은 다음과 같다.

첫째, 주식 투자를 했다면 그 회사의 경영에 참여한다는 마음으로 임하라.

둘째, 안전마진을 확보하기 위해 내재가치보다 훨씬 낮은 가격일 때 매수하라.

셋째, 조울증에 걸린 '미스터 마켓Mr. Market'을 당신의 주인이 아닌 노예로 삼아라.

넷째, 이성적이고 객관적이고 냉정하게 행동하라.[77]

주식을 기업의 안내자로 이해하라

멍거를 비롯한 가치투자자들은 주식을 단순한 '유가증권'이 아니라 '회사의 경영에 참여하는 행위'로 이해했다. 그들에게 주식은 시세가 떨어졌을 때 매수했다가 시세가 오르면 다시 팔아치우는 돈벌이 대상이 아니다. 멍거는 이처럼 잘못된 투기 행위를 다음과 같이 평가했다.

"주식의 시세가 투자에 과도한 영향을 끼칠 수 있다는 사실은 유감스러운 일이다. 채권의 가치평가 방식과

마찬가지로 주가도 미래의 현금 흐름을 반영하여 형성
되어야 한다. 또 다른 평가 기준은 '렘브란트의 회화'
를 평가하는 방식과 유사하다. 지금까지 렘브란트의
회화 가격이 계속 상승하고 있고, 고가에도 팔리고 있
다는 사실은 그만큼 가치가 있다는 뜻이다."[78]

내재가치와 안전마진을 고려해 매입하라

멍거는 주식으로 회사의 경영에 참여할 수 있다고 생각했
다. 설령 소액 주주일지라도 말이다. 가치투자자의 관점에
서 주식을 매수할 때 가장 중요하게 고려해야 하는 결정
기준은 시세가 아니라 '사업' 그 자체다. 가치투자자들은
기업의 내재가치를 평가하고, 이를 다른 주가와 비교한다.
멍거는 "유가증권을 매수하고 매도할 때 시세의 변동성이
아니라 내재가치를 따라야 한다"[79]라고 말했다.

가치투자의 아버지 그레이엄과 도드는 내재가치를 기업의
'수익력'이라고 정의한다. 기업의 수익력은 과거 10년간의

BPS 평균치에 10을 곱한 값이다. 두 사람은 내재가치가 주가보다 높은 경우에는 주식을 매수하라고 권한다.[80]

가치투자의 창시자들은 내재가치가 단지 '추정된 수치'에 불과하다는 사실도 알고 있었다.[81] 멍거는 다음과 같은 버핏의 말을 인용해 자신의 주장을 풀어가기도 했다. "내재가치는 정말 중요하지만 평가 기준이 되기에는 너무 허술하다. 우리 둘이 똑같은 팩트를 관찰해도 내재가치에 대한 평가 결과는 다르게 나오기도 한다."[82]

그래서 이를 보완하기 위해 가치투자자들은 '안전마진'을 크게 확보하려고 한다. 즉, 내재가치를 할인해서 적용하는 것이다. '한 기업의 내재가치보다 주가가 할인되어 안전마진이 점차 커지고 있다면 주식을 매수하라.' 다시 말해 내재가치에서 안전마진을 뺀 값이 주가보다 크다면 매수하라는 뜻이다.

주식을 매수하는 기준에 안전마진을 반영시키는 것이 얼마나 중요한지에 대해 멍거는 이렇게 설명한다. "주식은 안전마진을 고려해 내재가치보다 낮은 가격에 매수해야 한다. 내재가치를 지속적으로 평가할 수 없다면 이 수치를 신뢰하기 힘들다. 쉽게 말해 안전마진은 오류가 발생하거나 운이 나쁠 때를 대비해 준비해 놓는 쿠션 같은 것이다. 이 원칙을 어기고 안전마진 없이 투자한다면 원금이 손실될 위험을 감수해야만 한다."[83]

조울증에 걸린 '미스터 마켓'에게 휘둘리지 마라

벤저민 그레이엄은 시세 변동에 투자자가 대처하는 자세를 설명하기 위해 '미스터 마켓'이라는 허구의 인물을 만들었다. 그는 시장이 효율적이라고 생각하지 않았기 때문에 변덕이 심한 조울증 환자 '미스터 마켓'이라는 인물에 빗대어 시장을 묘사했다. 어느 날 미스터 마켓은 이렇게 말한다.

"당신의 주식을 비싸게 살 테니까 나한테 파세요."

그런가 하면 어떤 날은 이렇게 말하기도 한다.

"싸게 팔 테니까 내 주식을 사세요."[84]

그레이엄에 따르면 주식을 매수하는 기준은 조울증에 걸린 마스터 마켓처럼 변덕스러운 '시세'가 아니라 '기업의 내재가치'가 되어야 한다. 멍거의 이야기를 들어보자. "오랜 경험을 통해 알려진 지혜가 있다. 주가가 떨어졌을 때 도리어 주식을 더 많이 사야 한다는 것이다. 그런데 우리는 간혹 일이 터지면 뭔가 잘못되었다고 생각해 그만두려고 한다. 내 말이 일리가 있다고 생각하는 사람이라면 이때 재빨리 주식을 추가로 매수해서 투자 수익을 챙길 것이다."[85]

어떤 상황에서든 이성적으로 행동하라

멍거의 견해에 의하면 주식 투자에서 성공하기 위해 가장 중요한 덕목은 '이성적인 사고'다. "이성이야말로 진정으로 훌륭한 아이디어다. 증권가 찌라시처럼 여기저기 떠도는 허튼 소리는 멀리하라. 시간이 지날수록 투자 성공률을 높일 수 있는 자신만의 사고 체계를 개발하라."

투자를 할 때 우리가 믿어야 할 것은 '펀더멘털 데이터'다. 그러니 투자자 스스로 사업보고서를 분석하고 직접 판단해야 한다. 또한 주식을 평가할 때 내재가치 외에 확인해야 할 것이 투자지표다. 투자지표로는 주가수익비율Price Earning Ratio(PER), 주가장부가치비율Price Book Value Ratio(PBR), 주가현금흐름비율Price Cashflow Ratio(PCR), 주가매출비율Price Sales Ratio(PSR), 배당수익률Dividend Yield Ratio(DY) 등이 있다. 이 투자지표들의 정의와 주식 매수 판단 기준은 부록의 '더 클래식 투자 용어 사전'을 참고하기 바란다.

위에서 언급한 투자지표는 직접 계산하지 않아도 된다. 증시 포털에 들어가면 쉽게 금융 수치를 검색할 수 있기 때문이다. 이러한 정보는 적절한 투자 종목을 선택하는 첫 번째 필터링 기준이 된다. 단, 매수를 결정하기 전에는 포털에서 찾은 투자지표와 사업보고서를 반드시 비교해 보길 바란다. 포털의 무료 자료에는 오류가 있는 경우도 있기 때문이다.

또한 안전마진을 고려해야 한다는 점도 반드시 기억해야
한다. 멍거는 이에 대해 "그레이엄이 내놓은 안전마진이라
는 아이디어는 절대로 시대에 뒤떨어지지 않을 불멸의 가
르침이다"[86]라고 말했다.

주식 투자에서 고려해야 할 또 하나의 요인

앞에서 언급한 가치투자의 기준은 멍거와 버핏이 투자를
결정할 때 중시하는 요소들이었다. 하지만 투자를 결정하
려면 이들만으로는 부족하다. 멍거는 버크셔해서웨이의 부
회장으로 취임한 후, 주식을 선택할 때 양적 기준 외에도
'질적 기준'을 적극적으로 고려했다. "벤저민 그레이엄의
이론에는 심각한 결함이 있었습니다. 그는 웃돈을 주고 살
정도로 우량한 기업이 있다는 사실을 놓쳤습니다"[87]

1972년 버크셔해서웨이가 과자 회사 시즈캔디 주식을 매
수하겠다고 결정했을 때 가장 크게 고려한 것은 투자지표
가 아니었다. 그들이 투자를 결정한 진짜 이유는 미국 서부

지역에서 시즈캔디라는 브랜드가 독점적 지위, 즉 '해자'를 갖고 있었기 때문이다. 버핏은 이러한 해자(경쟁 우위)를 아름다운 비유로 설명했다.

> "16살의 첫 데이트 때 좋아하는 소녀에게 사탕을 선물한다고 상상해 보라. 이때 캘리포니아 소녀에게 러셀스토버Russell Stover(캔자스시티의 과자 회사) 상자를 내밀면 뺨을 맞을 것이고, 캘리포니아의 인기 브랜드인 시즈캔디를 선물하면 키스를 받을 것이다. (…) 나는 캔자스시티 여자들도 마찬가지일 것이라고 생각한다. 캔자스시티에서는 러셀스토버가 훨씬 인기가 많기 때문에, 그녀들이 시즈캔디를 좋아할 리가 없다."[88]

많은 언론이 '독점적 지위'라는 기준을 강조하곤 한다. 멍거는 버크셔해서웨이에 이러한 질적 기준을 도입하는 데 큰 역할을 했다. 2005년 한 인터뷰에서 멍거는 이런 말을 한 적이 있다. "내가 그렇게 하지 않았더라도 워런은 스스로 담배꽁초 전략에서 벗어나 우량 기업을 높이 평가하는 쪽으로 진화했을 겁니다. 시간이 지날수록 담배꽁초 주식

을 발굴하기가 점점 힘들어졌기 때문입니다." [89]

주식 매수에서 고려해야 할 질적 가치

주식을 매수할 때에는 해당 기업의 질적 가치도 고려해야 한다고 했다. 그렇다면 무엇이 질적 가치에 해당할까? 이를테면 다음과 같은 요소들이다.

- 경쟁 우위 (브랜드 가치나 특허 등)
- 높은 시장 점유율 내지 시장 장악력
- 탁월한 경영
- 안전마진 (경제 위기를 극복할 수 있는 능력)
- 가격 전가 능력 (가격을 인상했을 때 매출이 크게 감소하지 않는가)
- 신뢰성 (지속적으로 안정적인 수치 혹은 좋은 수치를 보이는가)
- 규제 관련 규정을 다뤄본 경험 (미디어 기업의 경우)
- 규모상 우위 (대형 체인 시스템처럼 구매 시 제공하는 가격 혜택 등 규모의 경제에 따른 우위)

- 네트워크 (아마존, 이베이와 같이 평가 시스템이 구축되어 있는가)

여기까지는 멍거가 평생 동안 강조했던 주식 투자의 이론이다. 뒤에서는 이러한 이론을 근간으로 해 멍거가 자신의 투자 인생에서 실제로 적용하고 수정하며 고안해낸 구체적인 8가지 투자 전략과 투자자가 갖춰야 할 7가지 투자 원칙을 정리했다.

스마트와 심플함을
유지하라

––––––––––––––– 전략 1 | KISS 전략 –––––––––––––––

"너무 어려우면 다른 쪽으로 관심을 돌리면 된다.
더 단순한 것이 없으리라는 법이 없지 않은가?"[90]

똑똑하게 판단하고 단순하게 보는 것은 어디서나 보편적
으로 통하는 경영의 지혜다. 멍거는 어떤 일을 스마트하고
심플하게 보는 관점을 보편적인 모토로 삼고, 이를 토대로
자신만의 고유한 투자 전략을 만들었다. 그는 "우리는 일
을 단순화시키는 것을 좋아합니다"[91]라고 말했다.

멍거는 "우리는 세 개의 의사 결정 서류함을 가지고 있다. '예스 서류함', '노 서류함', '보류 서류함'이 그것이다. 어떤 문제에 대해 전문 지식이 필요하다면, 이 문제는 '보류 서류함'으로 이동시킨다"[92]라는 말로 자신의 투자 전략을 설명했다.

멍거가 말한 KISSKeep It Smart and Simple 전략에 의하면, 버크셔해서웨이에서는 대부분의 투자 아이디어가 '보류 서류함'으로 이동된다. 그레이엄의 가치투자 이론은 적용 범위가 너무 좁기 때문이다. 리스크가 큰 투자는 절대 감행해서는 안 된다. 멍거는 리스크가 없거나, 리스크가 매우 낮거나, 아주 단순한 경우에만 투자했다. 즉, 이 세 가지 경우에 해당하는 주식만 '예스 서류함'으로 이동시켰다.

멍거의 방식대로 투자 대상을 결정하려면 자신의 생각을 일관성 있게 밀고 나가야 한다. 즉, 투자 계획에 한 치의 의심이라도 생긴다면 당장 포기하고 이것을 '보류 서류함'으로 이동시켜야 한다. 해당 종목의 투자 옵션을 되짚어볼 필요도 없다. 쓸데없이 시간을 낭비하지 마라. 돈을 투자할 방법은 많으니 다른 투자를 모색하고 진짜 수익을 올릴 수 있는 곳에 집중하라.

적당한 때를 기다렸다가
덮쳐라

"성공에는 인내심이 필요하다.

하지만 적당한 때가 오면

적극적으로 달려들어야 한다."[93]

멍거와 버핏은 끈기 있는 투자자였다. 1970년대 초반의 호경기, '닷컴 버블'이 기승을 부리며 또다시 열풍이 불었던 2000년대, 주가가 폭등했던 2007년처럼 주식 시장이 미친 듯이 활기를 띨 때가 있다. 다른 투자자들과 달리 멍거와 버핏은 이런 때에는 의도적으로 투자를 자제했다. 이들은 투기꾼들의 내기에 동참할 마음이 전혀 없었다. 거품이 꺼지면 모든 것이 비참한 결말로 끝나리라는 걸 너무 잘 알고 있었기 때문이다.

오히려 주식 시장에서 거품이 걷히고 다른 투자자들이 몸을 사릴 때가 되어서야 비로소 버크셔해서웨이는 공격을 개시했다. "버크셔해서웨이는 기회를 발견하는 즉시 바로 실행에 옮긴다. 기회가 오면 주저해서는 안 된다. 이는 투자뿐만 아니라 다른 모든 영역에도 해당하는 일이다."[94]

미국의 부동산 거품이 진정된 직후인 2008년 10월, 멍거와 버핏은 골드만삭스와 제너럴일렉트릭에 각각 110억 달러를 투자했다. 이때 멍거는 할아버지께서 가르쳐준 교훈을 따랐다.

"기회는 자주 오는 것이 아니다. 기회가 찾아오면 바로 행동할 준비가 되어 있어야 한다."[95]

흔히 인생이 그렇듯이, 주식 투자에도 인내심은 필수 덕목이다. 그러니 성급하게 투자하지 말고 주식 시장을 분석하며 관망해야 한다. 호황기에 선불리 매입 열풍에 휘둘리지 말고, 거품이 꺼지거나 호황기가 끝날 때까지 인내심을 갖고 기다려라. 단, 호황기에도 투자 매력이 있다고 판단되는 주식이라면 '모 아니면 도' 전략으로 투자하라.

군중심리를 따르지 마라

"무리를 따르는 것은

평균치로 돌아가는 것밖에 되지 못한다."[96]

역투자 전략 역시 앞에서 소개한 '적당한 때를 기다렸다가 덮쳐라'라는 전략과 비슷하다. 사람들의 입에 자주 오르내린다는 이유로 혹은 단순히 유행한다는 이유로 투자를 하면 대부분은 손실을 입는다.

멍거는 "자수성가한 사업가들은 사회적 신뢰라는 물결에 휩쓸려 희생양이 된다. 몇 년 전, 한 석유화학기업이 비료 제조업체를 인수한 적이 있었다. 그러자 다른 석유기업들도 앞다투어 비료 제조업체를 인수하기 시작했다. 그들에게는 비료 제조업체를 인수할 이유가 전혀 없었다. 그들은 자신들이 무슨 일을 하는지 알지 못했다"라는 말을 남기기도 했다. 이는 자기만의 철저한 분석 없이 단지 다른 사람들이 투자한다는 이유로 쉽게 휩쓸리는 투자자들을 비판한 말이었다.[97]

가끔은 폭풍에 맞서 헤엄치거나 정해진 길에서 이탈해 보는 것도 도움이 된다. 그렇게 해야 평균 이상의 수익을 올릴 수 있다. 인지도가 약간 떨어지는 중소형 기술주에도 관심을 가져보기 바란다.

한번 매수한 주식은
오래 묵혀둬라

"주가가 높으면 선뜻 매수하기 어렵다.

하지만 탁월한 기업의 주식은 몇 개를 골라 매수한 다음

그냥 지켜보기만 하면 된다. 이것도 좋은 방법이다."[98]

멍거와 버핏은 일단 투자하기로 결정한 주식은 오랫동안
보유했다. 그들은 주식중개인에게 지불해야 할 수수료를
절약할 수 있고, 절세 혜택도 늘어난다는 점을 들며 탁월
한 투자를 한 후에는 가만히 관망하며 기다리라고 조언

한다.[99]

대표적인 예가 미디어기업 캐피털시티스와 워싱턴포스트다. 버크셔해서웨이는 수십 년 동안 이 두 회사의 주식을 갖고 있었다. 심지어 1985년에 캐피털시티스 주식을 매수한 뒤에는 한동안 단 하나의 주식도 사지 않고 가만히 기다렸다. 그러다 코카콜라 주식이 매력적인 수준까지 떨어졌을 때 버크셔해서웨이 시가총액의 4분의 1을 투자했다. 즉, 최소 3년 동안 주식을 매수하지 않고 절호의 기회를 노렸으며, 보유한 주식은 오래 지켜보았다. 이에 대해 버핏은 '불가피한 일'이라고 표현했다.[100]

신중히 분석한 후 최종적으로 매수하기로 결정한 주식은 오랫동안 묵혀둬라. 품질이 높은 주식은 주가가 안정적일 뿐더러 배당금 수익도 꾸준히 지급된다는 장점이 있다. 주가가 일정하면 배당금은 정기적으로 늘어나고, 배당수익률(DY)도 자동으로 증가한다.

또한 이렇게 하면 거래 수수료도 절약할 수 있다. 사고팔기를 반복하면 그만큼 주식중개인에게 지불해야 하는 수수료가 늘어나기 때문이다.

완벽하고 철저하게

"우리는 돈을 주고 시장 진입 장벽을 샀다.

시장 진입 장벽을 구축하는 것은 어려운 일이기 때문이다.

대형 브랜드는 우리가 만든 것이 아니다.

우리가 돈을 주고 이 브랜드를 산 것이다."[101]

멍거는 비즈니스 세계의 움직임을 간파하는 데 탁월했다.
버핏은 그런 멍거를 이렇게 표현하기도 했다.

"찰리는 현존하는 그 어떤 사람보다 더 빠르고 정확하게 거래를 분석하고 평가합니다. 그는 어떤 약점이든 60초 안에 간파해내지요. 정말 완벽한 파트너입니다."

1970년대 이후 버핏과 멍거는 서로의 안목과 능력을 바탕으로 본격적인 기업 인수에 나섰다. 대표적인 예로 1972년에 인수한 과자 회사 시즈캔디를 꼽을 수 있다. 1986년에는 복합 기업 스콧앤드피처, 1996년 패스트푸드 체인 데어리퀸, 2002년 의류 제조업체 프룻오브더룸, 2010년 철도 회사 벌링턴노던산타페, 2014년에는 배터리 제조업체 듀라셀을 인수하며 대대적인 기업 인수 행렬을 이어갔다. 그리고 현재 버크셔해서웨이는 70개가 넘는 독립적인 회사를 소유하고 있다.[102]

아쉽게도 기업을 통째로 인수하는 일은 대형 투자자들이나 가능한 일이다. 하지만 일반인에게도 이 전략을 따라 할 방법이 있다. 여러 회사를 갖고 있는 '지주회사'에 투자하는 것이다.

지주회사에 투자하면 어부지리로 수익을 챙길 수 있다. 대표적인 지주회사로는 버크셔해서웨이가 있다. 증시에서 '미니 버크셔해서웨이'를 찾아 인수 전략을 실행해 보자.

모르는 분야에는
투자하지 마라

"워런과 나는 하이테크 부문에서

딱히 큰 장점을 찾지 못했다.

우리는 소프트웨어, 컴퓨터 칩과 같은 기술 발전을

잘 이해하고 있어야 한다는 점이

하이테크 투자의 단점이라고 판단했다.

우리는 해당 분야에 대한 지식이

불충분한 상태에서는 투자를 자제한다."[103]

멍거는 자신이 처음 투자했던 하이테크 기업에 대해 이렇게 회상했다. "나는 두 번 다시 하이테크 기업에는 투자하지 않을 것이다. 한 번 투자해본 것으로 충분하다. 신기술이기에 문제가 발생할 소지가 너무 많다."[104]

버크셔해서웨이가 오랫동안 신기술주에 투자하기를 꺼려왔다는 것은 익히 알려진 사실이다. 멍거와 버핏은 "내가 모르는 분야에는 투자하고 싶지 않다"라는 모토에 따라 컴퓨터나 항공우주기술 분야에는 투자하지 않았다. 버핏은 다음과 같이 말하며 신기술주에 투자하지 않겠다는 의사를 단호하게 밝혔다. "찰리와 나는 기꺼이 변화를 맞이해야 한다고 강조해 왔다. 신선한 아이디어, 새로운 제품, 혁신적 프로세스, 이런 것들은 우리나라의 생활수준을 높여줄 것이다. 물론 이런 것들은 말할 필요도 없이 우리 모두에게 매우 유익하다. 하지만 투자자로서는 우주 정복 계획에 '우리만의' 방식으로 대응하고자 한다. 물론 우리는 그 모든 노력에 아낌없이 박수갈채를 보낸다. 단지 동참하고 싶지 않을 뿐이다."[105]

하지만 버핏과 멍거가 그동안 컴퓨터 분야에 가져왔던 반감은 지난 몇 년 새 사라진 듯하다. 컴퓨터 분야는 50년이 넘는 시간 동안 주식 시장에서 성공해 왔고, 컴퓨터 관련 제품은 더 이상 신기술 제품으로 여겨지지 않기 때문이다. 멍거와 버핏이 컴퓨터 관련주에 투자한 대표적 사례로 '애플'을 꼽을 수 있다. 그들은 애플이 혁신적인 기술 기업이라서가 아니라 규모가 크고, 고객 충성도가 높고, 자금력이 강하다는 점을 높이 평가하여 투자를 결정했다고 설명했다.

다만 여전히 최신 기술 분야에는 투자하지 않는다. 기술주 시장에서 수많은 기업이 파산하고 또 새로운 기업이 생겨나는 경우를 너무 많이 보아왔기 때문이다. 기술주 시장은 일정 시간이 지나면 시장이 재편된다. 그리고 대개 새로 창업한 기업들은 파산하거나 동종업계 대기업에 합병되곤 한다. 기술주 시장에서 시장이 재편된 후에도 살아남는 기업은 극소수에 가깝다. 그래서 멍거나 버핏과 같은 보수적인 투자자들은 기술주 시장에 선뜻 관심을 보이거나 투자하지 않는다.

멍거와 버핏의 관점으로 볼 때 기술주 시장에 투자하는 행위는 투기나 다름없다. 새로 설립된 하이테크 기업은 몇 년 이상 살아남지 못하는 경우가 태반이다. 설사 어렵게 살아남는다 해도 주식 투자로 수익을 올리기는 힘들다. 멍거와 버핏은 이런 점에서 하이테크 투자가 리스크 높고 투기성이 짙다고 판단했다.

현재 우리 모두가 아마존, 구글, 페이스북에 투자했더라면 큰 수익을 올릴 수 있었음을 잘 안다. 하지만 투자를 결정해야 했던 시점에는 무수히 많은 경쟁 기업이 있었다. 소수의 승자에게 투자한 사람은 단지 운이 좋았을 가능성이 크다. 다수의 패자들은 그사이 시장에서 사라져버려 이제 아무도 기억하지 못할 뿐이다. 따라서 기술주의 승자를 쉽게 알아볼 수 있다고 믿는 것이야말로 큰 착각이다. VHS나 마이크로소프트가 최고 기술로 인정받은 반면, 그렇지 못하고 사라진 기술도 있다는 점을 생각해 보라. 그래서 신기술은 예측 불가한 것이다.

좋은 것이 너무 많아도
문제다

"우리의 투자 스타일에도 '집중투자'라는 이름이 생겼다.

이것은 100개 혹은 400개 종목이 아니라

10개 종목에 집중적으로 투자하라는 뜻이다."[106]

멍거는 포트폴리오 이론을 지지하지 않는다. 포트폴리오
이론이란 다양한 주식에 분산투자함으로써 투자 리스크를
최소화할 수 있다는 전략이다. 하지만 멍거는 "대중이 아
니라 품질을 따라야 한다"라는 모토에 따라 자신이 판단하

기에 가치 있는 주식에만 투자했다. 그는 쉴 틈 없이 좋은 주식을 탐색하고 100개 혹은 400개의 주식에 분산투자하는 것보다 가치 있는 10개 주식에 투자하는 것이 더 높은 수익을 낼 수 있다고 주장한다.

버크셔해서웨이의 투자 현황은 매년 주주서한을 통해 발표된다. 이들이 발표한 주주서한을 살펴보면 투자 종목이 상대적으로 적은 것이 특징이다. 반면 소수 종목에만 집중적으로 투자한 실적은 상당히 높다.

많은 것보다는 적은 것이 승산 있다

가치 있다고 판단되는 종목을 골라 그 종목들에만 집중해 투자하라. 시간을 충분히 갖고 수익성이 높거나 투자 가치가 있을 만한 주식을 찾은 뒤, 그 소수의 주식에 집중투자하라. 멍거의 관점에서 개인 투자자가 30개, 50개, 혹은 100개의 종목에 분산투자하는 것은 의미 없는 일이다.

두 귀는
들으라고 있는 것이다

"나는 친한 사람들과 소통하지 않고

인생의 통찰력을 얻은 사람을 본 적이 없다.

아인슈타인에게 대화 상대가 없었더라면

학문적 업적을 이룰 수 없었을 것이다."[107]

멍거는 친한 사람들과의 대화가 매우 유용하고 중요하다고
주장한다. 그는 다른 사람을 설득하는 과정에서 자기 생각
을 다시 한번 정리해볼 수 있다는 점을 들며 대화의 필요성

과 장점을 강조했다. [108]

투자를 앞두고 있다면 먼저 배우자와 투자 계획에 대해 대화를 해보라. 이때 당신은 특정 종목을 선택한 이유와 그로 인해 발생할 예상 이익을 상대방에게 설명해 주어야 한다. 그러면서 머릿속으로 투자에 대한 계획을 명확히 세울 수 있다. 물론 배우자 말고도 친구나 지인과 대화해 보는 것도 좋다. 인터넷 사이트에서 대화를 나눠보는 방법도 있다. 단, 참여자의 의견을 참고할 수는 있지만 맹목적으로 신뢰해서는 안 된다. 최종 결정은 언제나 본인의 몫이다.

메달의 이면에
유의하라

"찰리는 어떤 일을 고민할 때

항상 정반대의 상황부터 시작한다.

행복한 삶을 사는 법을 찾고 싶다면

먼저 무엇이 인생을

불행하게 만드는지 찾아보는 것이다.

기업의 규모가 얼마나 되는지 알고 싶다면

기업이 파산하거나 무너지면

어떻게 될지 생각해 보면 된다."[109]

멍거와 버핏은 '역발상'에 능한 사람들이다. 이들은 주어진 질문과 문제를 돌리고 비틀고 부수며 정반대의 상황을 관찰한다. 예를 들어 투자자라면 믿을 수 없을 만큼 훌륭한 실적을 꾸준히 유지하는 기업을 볼 때 자연스럽게 그 실적이 얼마나 오랫동안 유지될지 궁금해하기 마련이다. 멍거와 버핏은 '그렇다면 현재의 성과를 어떻게 얻었는지, 그리고 그 성과가 유지되지 않을 때 어떻게 대응해야 할지'를 고민해 보아야 한다고 말했다.[110]

> "반대 상황은 무엇인가? 내가 놓친 부분 때문에 일이
> 잘못될 수 있는가?"[111]

항상 이렇게 물어야 한다는 것이다. 멍거는 행복한 삶을 사는 방법을 찾고 싶다면 무엇이 인생을 불행하게 만드는지부터 찾아보라고 조언하기도 했다. 역발상 전략은 투자의 의미를 되짚어보는 데 적합하다. 예를 들어 시세가 폭락한 기업이 있다고 하자. 그럴 때는 다음과 같은 역발상을 통해 답을 추적해 보는 것이다.

- "시세가 회복될 가능성은 없는가?"

- "이 기업이 한때 시세가 좋았다는 사실을 입증할 수 있는 자료는 없는가?"

- "기업이 회복되어 턴어라운드를 할 가능성은 없는가?"

침몰하는 배에서도
두려워하지 마라

―――――――――― 원칙 2 | **평정심** ――――――――――

"엄청나게 똑똑할 필요는 없다.

단지 다른 사람보다 아주 조금 더 현명하라.

단, 평균적으로, 장기적으로. 아주 긴 시간 동안."

당신이 충분히 분석한 후 주식을 매입했다면 주식 시장에 풍랑이 불어도 평정심을 유지할 줄 알아야 한다. 시세 변동은 반복적으로 나타나는 현상에 지나지 않는다. 노련한 선장와 견고한 배만 있다면 어떤 풍랑이든 극복할 수 있다.

기업 또한 그러하다. 강한 풍랑이 몰아친 후에는 하늘이 푸르러지고 태양은 다시 빛난다.

다우지수도 마찬가지다. 풍랑이 몰아친 후에는 항상 주가가 상승했다. "시세가 50퍼센트 급락하는 일은 100년에 두세 번쯤 발생한다. 이런 상황에 평정심으로 대응할 준비가 되어 있지 않다면 주식에 투자하지 마라. 그런 자세로는 초과 수익을 얻을 수 없다. 반면 강인한 태도로 시장 변동을 초연하게 받아들일 수 있는 사람은 훨씬 더 좋은 결과를 얻을 것이다."[112]

주식 시장의 시세 변동은 바다의 풍랑과 같다. 투자자들은 언제든 풍랑이 몰아닥칠 수 있다는 사실을 알아야 한다. 그러니 풍랑이 불어도 평정심을 잃지 않는 법을 배워라. 당신이 선택한 주식을 믿고 증시의 날씨가 좋아지길 인내심 있게 기다리라. 풍랑 후에는 언제나 해가 뜨기 마련이다.

대출금으로 주식을
매입하지 마라

―――――――――――――――― 원칙 3 | **절제** ――――――――――――――――

"인간을 파멸로 몰고 가는 세 가지가 있다.

마약, 술, 그리고 레버리지 투자다."**113**

마약과 술이 인간을 파멸로 몰고 갈 수 있다는 사실은 이미 잘 알려져 있다. 멍거는 이에 더해 대출받은 자금으로 주식을 매입하는 행위, 즉 '레버리지 투자_{Leveraged Buy Outs}'가 인간을 망하게 하는 지름길이라고 보았다.

만약 주식을 매수하기 위해 대출을 받는다면, 리스크가 큰

비즈니스에 모험을 걸게 될 것이다. 리스크가 큰 투자는 주가가 지속적인 상승세에 있고, 대출 이자를 감당할 수 있을 만큼 배당금이 충분한 상황에서만 해야 한다. 대출금 상환일은 언젠가 오기 마련이다. 주가가 바닥을 칠 때 주식을 매도해서 대출을 상환해야 한다면 추가로 당신의 돈을 보태야 할 것이다.

물론 멍거도 대출금으로 투자를 한 적이 있었다. 하지만 이는 정말로 안전하고 수익률이 높은, 검증된 투자였다. 투자 경험이 많지 않은 초보 투자자들에게는 절대 대출금으로 투자하지 말 것을 강조한다.

대출금 대신 현재 당신의 수중에 있는, 몇 년 동안 잊고 있어도 되는 자금으로만 투자하라. 생활비는 물론이고, 자동차 사고나 병원 치료 등 예기치 못한 지출은 언제든 생길 수 있다. 그럴 때를 대비해 비상금이 준비되어 있어야 한다. 충분한 여유 자금이 없다면 이런 상황이 닥칠 때 주식을 매도할 수밖에 없다. 또 시세가 바닥을 치면 추가 자금을 마련해야 한다는 사실도 잊지 말자.

직접 평가한 것 외에는
아무것도 믿지 마라

"사람들은 자신이 의도한 방향으로

평가하는 경향이 있다. (…)

대부분의 평가는 진실이 아니다."**114**

투자자들은 종종 경제 미디어의 비평을 투자 가이드로 삼는다. 하지만 멍거는 어떤 평가 보고서도 신뢰해서는 안 된다고 강조한다. 영국의 정치가 윈스턴 처칠Winston Churchill은 다음과 같은 명언을 남겼다.

"당신이 직접 조작한 것이 아니라면 어떤 통계도 믿지
마라."

멍거는 이것을 "당신이 직접 의뢰한 것이 아니라면 어떤
평가 보고서도 믿지 마라"라는 말로 변형시켰다. 사실 멍
거는 누군가에게 평가 보고서를 의뢰한 적조차 없으므로,
이 말도 완전한 진실은 아니다. "나는 평가를 의뢰하지 않
는다. 내 책상에 평가 보고서들이 놓이는 걸 싫어하기 때문
이다."[115]

타인의 조언이나 평가를 따르는 것은 매우 간편하고 실용
적이다. 하지만 타인의 조언을 참고하다 보면 정보가 너무
많아 어떤 조언을 따라야 할지 오히려 갈피를 잡지 못하게
된다. 만약 모든 조언과 평가를 따르려면 거론되는 종목을
모조리 사들여야 할 것이다. 이보다는 나만의 가치 분석을
신뢰하는 편이 훨씬 낫다.

구정물에서는
물고기를 낚지 마라

원칙 5 | **겸손**

"이성이야말로 진정으로 훌륭한 아이디어.

증권가 찌라시처럼

여기저기 떠도는 허튼소리는 멀리하라."

많은 문헌에서 멍거는 버핏과 함께 언급된다. 두 사람은 이 시대에서 가장 성공적인 투자회사를 함께 이끌었다. 이들 의 성공은 우연의 산물이 아니다. 멍거와 버핏은 같은 도시 에서 태어나 50년 이상을 알고 지냈다. 이들은 멍거의 친구이자 버핏의 첫 번째 투자자였던 닐 데이비스의 소개로 처음 만나게 되었다. 멍거와 버핏은 오마하 클럽의 첫 만남에서 서로 잘 통하는 사이라는 걸 첫눈에 알아봤고, 이후 두 사람은 평생의 친구이자 사업 파트너가 되어 지금까지도 그 관계를 이어오고 있다.

멍거가 로스앤젤레스에서 정착하기 위해 처음 한 일도 인맥을 쌓는 것이었다. 그는 다양한 클럽에 가입했고, 그곳에서 뜻이 맞는 사람들을 만날 수 있었다. 멍거와 버핏은 지금도 유명한 가치투자자들과 정기적으로 모임을 하며 서로의 경험을 교환하곤 한다. 빌 루안, 월터 슐로스, 에드 앤더슨, 톰 냅, 로이 톨스, 샌디 고츠먼과 같은 유명 투자자들이 전부 버핏 그룹에 속해 있다.[116] 나중에는 버핏 그룹에 빌 게이츠도 합류했다.

자신을 중심으로 크고 작은 인맥을 만들어보라. 먼저 지인들 중 주식 투자자가 있는지 살펴보라. 아니면 페이스북, 인스타그램 등 소셜미디어를 이용해 기존 인맥에 들어가거나 새로운 인맥을 만들어도 좋다.

독서의 힘

"오랜 세월을 살아보니

꾸준한 공부가 나의 가장 큰 자산이었다.

나는 평생 통섭적 접근 방식을 투자에 적용하며 살았다.

그것이 얼마나 도움이 되었는지

더 이상 강조할 필요도 없다."[117]

멍거는 고등 교육을 받았음은 물론, 꾸준한 공부를 통해 다
양한 분야의 지식을 섭렵했다. 그는 하버드법학대학원에서

법학을 전공하기 전에도 수학, 기상학 등의 학문을 배웠고, 법학 공부를 마치고 변호사가 된 뒤에도 쉼 없이 공부를 이어나갔다. 특히나 그는 자신의 전공과 거리가 먼 분야의 독서를 매우 중요시했다. 그러다 보니 멍거에게 폭넓은 독서는 일상생활의 일부나 마찬가지였다. "내 평생 책을 꾸준히 읽지 않는데도 똑똑한 사람은 본 적이 없다. 정말이지 단 한 사람도 없다. 여러분은 워런과 내가 얼마나 많은 책을 읽는지 알게 된다면 깜짝 놀랄 것이다."[118]

2017년 데일리저널 주주총회에서 멍거는 아침마다 서너 개의 신문을 읽고, 항상 두세 권의 책을 가지고 다닌다고 말했다. 그 덕분에 멍거는 '아마추어 심리학자'라는 별명으로 불리기도 한다. 아래의 말은 위대한 투자가 멍거가 투자자들에게 늘 강조하는 조언이다. "끊임없는 독서로 평생 배우며 자신만의 영역을 개발하라. 호기심을 키우고 매일 조금씩 더 똑똑해지려고 애쓰라."[119]

부록

찰리 멍거가 투자를 바라보는 12가지 안목

더 클래식 찰리 멍거 연대표

더 클래식 투자 용어 사전

찰리 멍거가 투자를 바라보는 12가지 안목

멍거는 투자를 하기 전에 반드시 짚고넘어가야 할 자신만의 점검 목록을 미리 작성하면 잘 떠오르는 답과 그렇지 않은 답을 한눈에 볼 수 있다고 말했다. 그는 반세기가 넘는 시간 동안 꾸준히 자신만의 방식으로 이 점검 목록을 업데이트해왔는데, 여러분도 주식을 매수하기 전에 그가 평생에 걸쳐 갈고 닦은 이 12가지 기준을 확인하기 바란다.

1. 당신이 매입하려는 주식을 내재가치에 따라 분석하라. 최소 20퍼센트의 안전마진을 두라.

2. 골라놓은 주식이 있다면 기본적인 투자지표를

조사하라(PER, PBR, PCR, PSR, DY 등).

3. 당신이 투자하고 싶은 기업에 어떤 경쟁 우위가 있는지 생각해 보라. 브랜드, 특허, 품질, 탄탄하고 혁신적인 경영, 규모의 우위 등이 해자에 해당된다.

4. 기업 분석 시 예측 불가한 리스크를 생각해 보라. 이런 요소가 많은 기업은 투자 대상에서 지우고 '보류 서류함'에 담아라.

5. 성급하게 투자하지 말고, 주식 시장을 분석한 후 시간을 두고 투자하라.

6. 호황기에는 분위기에 휩쓸려 주식을 매입하지 마라. 이런 시기일수록 철저하게 분석하고 투기 열풍이 지나가거나 거품이 꺼질 때까지 기다려라.

7. 소수의 최고 우량주에만 집중투자하라.

8. 우량주는 장기 보유하라. 장기 보유하면 수수료와 세금을 절약할 수 있다.

9. 정착 단계에 도달하지 못한 하이테크주나 신기술주에 투자하지 마라.

10. 대출을 받아 주식을 매수하지 마라. 리스크가 매우 크다.

11. 주식 투자에 관심 있는 친구, 동료, 친척과 함께 투자 계획에 대한 대화를 나눠보라.

12. 나만의 주식 투자 네트워크를 구축하라.

더 클래식 찰리 멍거 연대표

1924년   **출생**

변호사 앨프리드 멍거와 아내 플로렌스 멍거 사
이에서 장남으로 태어났다.

1942년   **입대**

일본의 진주만공격으로 미국이 제2차 세계대전
에 참전하게 되자 미시간대학교를 다니던 멍거
는 학업을 중단하고 미국 육군항공대에 자원 입
대했다. 군 복무 시절 첫 번째 아내 낸시 허긴스
와 결혼했다.

1946년   **하버드법학대학원 입학**

전역 후 멍거는 아버지와 같은 길을 걷기로 결

심하고 하버드법학대학원에 입학했다. 그는
2년 만에 차석으로 졸업하며 법학 박사 학위를
받았다.

1948년 변호사 생활 시작

가족과 함께 캘리포니아주 남부로 이주한 후 로
스앤젤레스의 라이트앤드개릿 법률사무소에서
변호사로 첫발을 내디뎠다. 그리고 1950년대 초
반부터 주식에 관심을 갖기 시작했다.

1956년 재혼

1950년대 초반 멍거는 큰 아픔을 겪는다. 1953년
에는 첫 번째 아내 낸시와 이혼했고, 이후 큰아들
테디를 백혈병으로 잃었다. 다행히 멍거는 시련
을 극복하고 다시 일어나 두 번째 아내 낸시 보
스위크와 재혼해 가정을 꾸렸다.

1959년 워런 버핏과의 첫 만남

멍거는 아버지 앨프리드 멍거가 세상을 떠나자

아버지의 유산을 정리하기 위해 오마하로 돌아왔다. 이때 어린 시절의 친구 닐 데이비스와 재회하고, 버핏 투자회사의 투자자였던 그를 통해 워런 버핏을 소개받는다. 버핏과 멍거는 첫 만남부터 둘이 동업자가 되리란 것을 직감한다.

1960년   부동산 투자 시작

월급쟁이 생활만으로는 부자가 될 수 없겠다는 생각에 멍거는 부동산 개발 프로젝트를 시작했다. 이후 이를 발판으로 투자 사업에 뛰어든다.

1962년   휠러앤드멍거 투자회사 설립

1966년   디버시파이드리테일링컴퍼니 설립

멍거는 버핏, 샌디 고츠먼과 함께 디버시파이드리테일링컴퍼니라는 투자조합을 만들어 여러 소매기업을 사들이기 시작한다.

1972년   **시즈캔디 인수**

블루칩스탬프스를 통해 시즈캔디를 인수했다. 시즈캔디는 당시 주식 시장에서 순자산보다 3배나 높은 금액으로 거래되고 있었지만, 멍거는 시즈캔디의 질적 가치를 높이 샀기에 버핏에게 투자를 종용했다. 시즈캔디 인수는 버핏이 '품질에 대한 대가를 지불한' 첫 번째 사례였다.

1976년   **휠러앤드멍거 투자회사 해체**

휠러앤드멍거 투자회사는 1973년과 1974년 다우지수보다 높은 손실률을 기록하며 위기를 겪지만, 1975년에는 위기를 극복하고 역대 최고의 수익률을 올리게 된다. 그럼에도 멍거와 마셜은 휠러앤드멍거 투자회사를 해체하기로 결정했다.

1978년   **버크셔해서웨이 부회장 임명**

버핏은 디버시파이드리테일링과 버크셔해서웨이를 합병했고, 멍거는 이때 디버시파이드리테일링 지분 대신 버크셔해서웨이의 지분 2퍼센트를 받으며 공식적으로 버크셔해서웨이의 부회장으로 임명되었다.

1984년   웨스코파이낸셜 회장 추대

멍거는 웨스코 이사회 대표로 임명되었다가 1984년 회장으로 추대되었다. 이후 멍거는 웨스코를 자신의 투자 수단으로 확장해나간다. 웨스코는 '멍거가 버핏의 도움을 받아 자신만의 색채를 표현한 작품'이라는 찬사를 들었다.

2000년   웨스코, 코트비즈니스서비스 인수

2011년   웨스코 청산

멍거가 웨스코 회장이던 시절, 웨스코의 수익률 동향은 S&P 500 지수를 훨씬 앞섰다.

더 클래식 투자 용어 사전

가치 상승형 펀드

특정한 투자 철학에 얽매이지 않고 자유롭게 구성된 펀드. 피터 린치의 마젤란 펀드가 대표적인 가치 상승형 펀드다.

가치투자

증권 분석의 한 방법으로, 기본적 분석의 변형이다. 가치투자자들은 가격(주가)이 한 기업의 내재가치보다 낮을 때 투자한다. 일반적으로 이런 기업의 주가수익비율은 낮고 배당수익률은 평균치보다 높다. 가치투자자의 목표는 저평가된 기업을 골라 투자하는 것이다. 가치투자는 1930년대에 미국의 투자가 벤저민 그레이엄과 데이비드 도드가 개발했다.

공개 매수

특정 기업에 대한 통제권을 얻을 목적으로 주식을 대량으로 매수하는 행위. 기업에 대한 통제권은 해당 기업 주식의 30퍼센트 이상을 매수하면 얻을 수 있다.

공매도

매도 시점에 시장 참여자들의 소유 상태가 규정되지 않은 상태에서 주식, 상품, 외환 등이 매도되는 경우를 일컫는다. 일반적으로 나중에 더 낮은 가격으로 주식을 매입하려는 투자자들이 공매도를 이용한다.

관리 수수료

운용되고 있는 투자 펀드에 대해 펀드 소유주에게 매년 부과되는 수수료를 말한다. 이 수수료는 펀드 자산에서 공제되므로 그만큼 펀드 수익도 줄어든다.

국가 펀드

특정 국가의 기업에 투자하는 펀드. 수익률 변동 폭이 크지 않아 국가 펀드 투자자들은 인내심이 필요하다. 반주기적

매도에 치우치는 경향이 있으며 일반적으로 수수료가 높은 편이다. 환율 리스크가 결코 적지 않다는 것에도 유의해야 한다.

글로벌 주식 예탁증서

'GDR(Global Depository Receipts)'라고도 불린다. 증시에서 주식을 대리 거래할 수 있도록 허용하는 채무 증서 혹은 예탁 증서를 일컫는다. 미국 예탁증서와 마찬가지로 주식을 수탁하고 있는 금융기관에서 발행하지만, 글로벌 주식 예탁증서는 비미국계 금융 기관에서 발행한다는 점에서 다르다. 미국 예탁증서는 국내 증시에 상장되지 않은 해외 주식을 거래할 때 사용되는 대체 증권이다.

금융 지표

한 기업의 경제적 성과를 평가하는 모든 경영 지표를 말한다. 대표적인 예로 배당수익률, 자기자본비율, 자기자본수익률, 주가수익비율, 주가장부가치비율, 주가현금흐름비율, 주가매출비율 등이 있다.

기본적 분석

대차대조표 수치, 주가수익비율, 배당수익률 등 경영에 관한 기본 데이터를 바탕으로 기업을 평가하는 분석법.

기술적 분석

주식 시세를 중심으로 주가의 미래 가치를 분석하는 방법으로, 여기에서는 차트 분석을 의미한다. 과거 시세를 바탕으로 향후 주가 동향을 귀납적으로 추론한다.

기업 공개

주식회사가 주식 시장에 처음 상장하거나 첫 매도하는 것을 의미한다. 'IPO(Initial Public Offering)'라고도 불린다.

내재가치

대차대조표 혹은 금융 지표 분석을 바탕으로 평가된 한 기업의 가치. 내재가치는 자기자본과 숨은 자산의 합을 주식의 수로 나눈 것이다. 내재가치가 현재 주가보다 (월등히) 높을 때 주식은 저평가된 것으로 평가할 수 있다.

다우존스 산업 평균 지수

약칭 '다우지수'로 불리며 미국 투자 시장을 대표하는 주가지수다. 세계에서 가장 오래된 주가지수로, 1884년 찰스 다우가 산출했다. 참고로 미국 30대 상장 기업의 평균 주가지수인 다우지수는 주가지수가 아니라 시세지수다. 다우존스 산업 평균 지수는 배당금의 영향을 받지 않는다.

담배꽁초 전략

워런 버핏은 스승 벤저민 그레이엄이 주식을 선정하는 전략을 담배꽁초 전략이라고 표현했다. 마지막 한 모금의 가치는 남아 있으나 담배꽁초처럼 버려지는 기업들이 있다. 담배꽁초를 주우면 공짜로 한 모금 피울 수 있듯이 이런 기업의 주식을 모아 투자해 수익을 올리는 전략이다.

대차대조표

특정 시점 한 기업의 자산 상태를 비교해 놓은 표를 의미한다. 대차대조표의 차변에는 지출 내역을, 대변에는 자본의 출처를 기록한다. 모든 주식 투자의 기본 데이터로 활용되는 매우 중요한 지표다.

대형주

시가총액과 주가가 두루 높은 대기업 주식. 동의어로 '블루칩'이 있다.

데이비드 도드

미국의 경제학자이자 투자가. 그는 벤저민 그레이엄과 함께 컬럼비아대학교에서 가치투자 전략을 연구했다.

독일 종합주가지수

'독일 닥스 지수'라고도 불린다. 프랑크푸르트 증시에 상장된 기업 중 30대 기업을 대상으로 구성된 종합주가지수로, 세계 투자 시장에서 네 번째로 규모가 큰 독일 증시의 동향을 판단하는 지표다.

레버리지 상품

외부 자본을 투입하면 자기자본수익률이 높아질 수 있다. 투자 영역에서는 레버리지 효과는 소위 파생상품, 선물, 옵션, 레버리지 채무 증서 혹은 차액 결제 거래 등을 통해서 얻을 수 있다. 기준가가 원래 예상했던 방향대로 발전하면 상승 쪽으로 기울고, 기준가가 예상했던 것과 반대 방향으로 발전하면 손실 쪽으로 기운다.

마켓 멀티플

특정 주가지수의 평균주가수익비율을 말한다. 예를 들어 다우지수의 마켓 멀티플은 지난 약 30년간 평균 18을 기록했다.

미국 예탁증서

'ADR(American Depository Receipts)'라고 불린다. 증시에서 주식을 대리 거래할 수 있도록 허용하는 채무 증서 혹은 예탁 증서를 말한다. 주식을 수탁하고 있는 미국의 금융 기관에서 발행한다. 국내 증시에 상장되지 않은 해외 주식을 거래할 때 사용되는 대체 증권으로 활용되기도 한다.

미국 증권거래위원회

줄여서 'SEC(Securities and Exchange Commission)'라고 부른다. 워싱턴 D.C.에 있으며 미국의 주식 시장을 감독하는 기관이다.

발행 수수료

투자 펀드를 발행할 때 처음 한 번 부과되는 매입 수수료를 일컫는다.

발행인(발행기관)

유가증권(기업, 은행, 보험, 국가)을 발행하는 사람 혹은 기관을 말한다. 발행된 유가증권은 주식이 될 수도 있고 채권이 될 수도 있다.

배당금

수익에 참여하는 행위에 대한 대가. 규모와 지급 횟수 등은 주식회사의 주주총회에서 결의한다. 독일에서는 1년에 1회 배당금을 지급하는 것이 일반적이나, 미국에서는 1년에 4회 배당금을 지급한다. 배당금 지급일에 주주는 반드시 해당 주식을 보유하고 있어야 한다.

버나드 바루크

미국의 금융가이자 주식 투자자, 정치 자문, 자선가였다. 뉴욕 증시에서 성공하면서 그는 '월스트리트의 왕'으로 알려졌다. 바루크는 미국의 여러 대통령의 정치 자문을 담당했을 뿐만 아니라, 윈스턴 처칠 영국 총리 내각에서도 잠시 일했다.

버크셔해서웨이

1955년 섬유 기업 버크셔와 해서웨이는 버크셔해서웨이로 합병되었다. 후속 절차로 1966년 워런 버핏은 버크셔해서웨이 주식을 매수하기 시작해 이사회 임원 자리에 올랐다. 이후 사양길로 접어든 섬유 산업을 정리하고 수익성 높은 사업을 중심으로 버크셔해서웨이의 자본이 투자되었다. 1985년 버크셔해서웨이는 워런 버핏 회장과 찰리 멍거 부회장의 경영 체제하에 순수하게 투자 지주회사 역할만 하고 있다.

법인

고유한 권리능력을 갖는 조직(기업이나 기관 투자가 등)을 말한다. 이때의 법인은 자연인에 대비되는 개념이다. 예를 들어 주식회사도 일종의 법인이다.

베어 마켓

마치 곰이 하염없이 엎드려 잠을 자듯 하락세가 지속되는 장을 일컫는다. '약세장'이라고도 한다.

벤저민 그레이엄

미국의 경제학자이자 투자자다. 데이비드 도드와 함께 뉴욕 컬럼비아대학교에서 기본적 분석을 개발했다. 훗날 투자의 대가가 되는 존 템플턴과 워런 버핏도 당시 그의 제자였다.

보통주

보통주 소유주는 정기 주주총회에서 발언권을 갖는다. 발언권이 없는 주식을 우선주라고 한다.

부채율

한 기업의 자기자본에 대한 외부자본 비율을 일컫는다. 부채율이 2라는 것은 그 기업의 외부자본이 자기자본의 2배라는 뜻이다.

분산투자

투자 원금의 손실 위험을 줄이기 위한 투자법이다. 투자자들은 자신이 보유하고 있는 투자 자금을 다양한 주식이나 채권, 펀드 등의 투자 유형으로 분산시켜 증시가 어떻게 변하더라도 한꺼번에 악화되지 않도록 대비한다. 그러나 워런 버핏은 지나치게 광범위하게 분산투자하는 전략은 투자수익률을 떨어뜨린다며 거듭 경고한 바 있다.

불 마켓

마치 황소가 돌진하듯 상승세가 지속되는 장을 일컫는다. '강세장'이라고도 한다.

브로커

고객에게 주식을 매수하거나 매입하는 주식 중개인을 말한다. 투자 은행에서 고객을 위해 유가증권을 관리하거나 고객의 요청 사항을 처리하는 이들에게도 같은 명칭을 사용한다.

블루칩

대형 주식회사 중에서도 매출이 높은 주식을 블루칩이라고 한다.

상장지수펀드

'ETF(Exchange Traded Funds)'라고 불린다. 자산 구조가 지수를 기준으로 구성되고 평가되는 투자 펀드를 말한다. 상장지수펀드 관리는 큰 규모의 분석팀 없이 가능하기 때문에 관리 비용이 저렴하다. 상장지수펀드는 거의 모든 투자 유형에 적용할 수 있다. 상장지수펀드로 투자자들은 주식, 원자재, 채권, 파생상품 등에 손쉽게 투자할 수 있다.

상품가격연동증권

'ETC(Exchange Traded Commodities)'라고도 부른다. 유가증권을 발행하는 기관에서 기간 제한 없이 발행하는 채권 증서로, 항상 상품과 관련이 있다. 예를 들어 귀금속 상품가격연동증권은 금을 기준가로 삼는다. 유가증권거래소에서 거래된다.

선물

지정된 분량의 상품을 구체적인 가격과 정해진 기간 내에 매수 혹은 매도한다는 내용을 합의한 일종의 계약서다. 주식 시장에서 거래되는 선물을 '금융 선물'이라고 한다.

상향식 접근 방식

기업이나 주식을 분석할 때 전반적인 경제 동향과 시장 진단의 영향을 받지 않고 주식 그 자체의 가치와 미래 전망 등에만 집중하는 분석 방법. 이런 방식을 따르는 투자자들을 '보텀업 투자자'라고 부른다.

샌디 고츠먼

미국의 성공한 투자 전문가다. 1964년 그는 뉴욕에 투자 컨설팅 회사 퍼스트맨해튼을 설립했다. 초창기부터 그는 버크셔해서웨이에 투자해왔으며, 2003년 이사회 임원으로 임명되었다.

성과지수

자본 변동이나 배당금 규모를 반영해 평가하는 지수. 성과지수의 대표적인 예가 '닥스 지수'다. 성과지수에 대응되는 개념을 시세지수라고 한다.

성장형 펀드

주로 평균 이상의 실적을 달성하고 강한 성장 잠재력을 제공하는 기업의 주식에 투자한다. 대표적인 예로 '템플턴 그로스 펀드'가 있다.

섹터 펀드

석유 산업, 자동차 산업, 소비재 산업 등 특정 업종에만 투자하는 펀드.

소형주

시가총액 및 주가가 낮은 소기업 주식을 말한다.

수익

수익의 종류에도 여러 가지가 있다. 자기자본수익은 투입된 자기자본에 대한 이자를 말하고, 총수익은 투입된 자기자본과 외부자본에 대한 이자를 말한다. 매출수익은 일정

기간 동안의 수익을 백분율로 나타낸 것이다.

수익률

이자 수입이나 투자 수익을 원금으로 나눈 값이다.

스탠더드앤드푸어스 500 지수

약칭으로 'S&P 500(Standard & Poor's 500) 지수'으로 부른다.
미국 주식 시장을 대표하는 지수다. 미국 500대 기업의 주
가를 반영시켜 산출하며, 다우존스 산업 평균 지수와 마찬
가지로 미국 경제 상태를 정확하게 반영하고 있다.

스톡피커

상장 기업 혹은 상장 기업의 주식을 계획적으로 투자하는
투자자들을 일컫는다.

스프레드(가산금리)

유가증권을 매수하거나 매도할 때 시세의 차익을 말한다.

시가총액

상장된 특정 기업 주식의 총 평가액을 말한다. 시가총액은 주가와 유통 주식 수를 곱하여 산출한다.

시세지수

성과지수와 달리 주식 그룹의 시세 동향만을 나타낸다. 시세지수에는 자본 변경 이력이나 배당금 규모 추이 등은 반영되지 않는다.

실적

주식, 투자 펀드, 상장 기업에 대한 자금 투자의 모든 시세 변동을 나타내는 개념이다.

안전마진

주식을 매수할 때 손실 위험을 방어하는 쿠션. 가치투자자들은 안전마진을 확보하기 위해 늘 투자하기 전에 해당 투자 기업의 내재가치를 추정한다. 가치투자자들은 내재가치에 비해 주가가 약 20~25퍼센트 이상 저렴할 경우 안전마진이 확보되었다고 평가한다.

액면분할

고가의 주식을 외관상으로 매력적으로 보이게 하기 위한 조치다. 주식의 액면가를 분할하는 것이므로 주식 수는 증가하지만 자본금은 동일하다. 액면분할을 하면 주가가 하락한다. 주가가 낮아지기 때문에 신규 투자자들에게는 진입 장벽이 낮아진다. 기존 주주들은 액면분할로 무상증자를 하지만, 주식의 가치는 동일하다. 액면분할로 주식의 수가 두 배로 늘어나는 경우 기존의 주주들은 두 배의 무상증자를 하는 셈이다.

연금기금

법적으로 독립적인 기관으로, 한 명 이상의 고용인이 피고용인에게 기업의 자본으로 운용되는 노령연금을 지급하도록 되어 있다. 피고용인은 연금기금에 지급을 청구할 권리를 갖는다. 연금기금은 평생 분할 지급받거나 일시금으로 지급받을 수 있다. 독일에서는 연금기금의 최대 90퍼센트를 주식에 투자할 수 있다. 연금기금으로 채권, 투자 펀드, 부동산, 채무 증서 등에 제한 없이 투자할 수 있다. 연금기금을 잘 활용하면 투자에서 큰 이득을 볼 수 있다.

외부자본

한 기업의 채무와 예비비로 구성된다. 쉽게 말해 대출, 저당 등을 뜻한다. 한 기업에 제공하는 모든 외부 자본을 뜻한다. 대차대조표에는 채무로 기입된다. 외부자본에 대비되는 개념은 자기자본이다.

우선주

수익 분배에 우선권을 갖는 주식으로 보통주보다 할당되는 배당금이 많다. 그러나 우선주 소유주는 정기 주주총회에서 발언권이 없다.

우호적 매수

공개 매수 계획 발표 전에 매수자와 피매수자가 합의에 도달한 경우를 뜻한다.

워런 버핏

미국의 가치투자자이자 대부호다. 투자사 버크셔해서웨이를 설립했다. 버크셔해서웨이의 'A주식'은 전 세계에 상장된 주식 중 가장 시세가 높다.

이사회

주식회사의 세 조직 가운데 하나다. 주식회사 이사회의 핵심 업무는 기업을 관리하고 법정과 법정 외에서 기업을 대표하는 것이다.

인덱스 펀드

다우지수 등 주가지수를 모방하는 주식 펀드를 말한다. 현재는 대개 상장지수펀드라는 의미로 사용된다.

잉여현금흐름

투자에 당장은 필요하지 않은 현금흐름을 일컫는다.

자기자본

한 기업의 자기자본은 기업의 자산에서 부채를 공제한 것이다. 달리 표현해 자기자본은 창업자가 기업에 투자한 자본과 기업 활동을 통해 벌어들인 모든 수익을 말한다. 자기자본에 대비되는 개념은 외부자본이다.

자기자본비율

한 기업의 총자본(대차대조표 총액)에 대한 자기자본의 비중을 나타내는 금융 지표다. 자기자본비율은 한 기업의 자본 구조와 기업의 신뢰성에 관한 정보를 제공한다. 권장되는 자기자본비율은 업종에 따라 다르다.

자기자본수익률

관찰 기간 동안 한 기업의 자기자본에 얼마나 많은 수익이 발생했는지 알려주는 지표. 수익을 자기자본으로 나눈 값이다.

자본

한 기업의 자본은 자기자본과 외부자본으로 구성된다. 대차대조표에서 부채라고 표현한다.

장부가치

한 기업의 자산 가치(현재 자산)에서 부채를 차감한 것이 장부가치다.

장외 거래

장외에서 주식을 거래할 경우에 사용되는 개념이다. 'OTC'라고도 불리는데, OTC는 영어로 'Over The Counter'약자다. 이는 '계산대 뒤에서'라는 뜻이다.

재무상태표

한 기업의 모든 재무 현황을 일목요연하게 정리한 문서.

적대적 매수

이사회, 감독위원회, 종업원의 사전 합의 없이 이뤄지는 주식회사의 공개매수.

전환 사채

채권의 일종으로, 주식회사에서 외부 자금을 조달할 목적으로 발행할 수 있다. 전환 사채의 보유자는 정해진 기간에 해당 기업의 주식으로 전환할 수 있다. 주식으로 전환하지 않으면 채권과 동일하다.

정기 주주총회

법으로 정해진 주주들의 모임으로, 한 기업의 보통주 보유자는 누구나 이사회의 초청을 받아야 한다. 정기 주주총회는 1년에 한 번 개최된다. 특별 안건이 있는 경우 임시 주주총회 소집도 가능하다. 정기 주주총회에서 이사회와 감독위원회, 이른바 주식회사 이사회의 업무 집행이 승인되고, 수익 사용이나 정관 결정을 결의한다. 증자, 인수 등 중차대한 사안을 협의한다.

정크 본드

'쓰레기 채권'이라는 뜻으로 원리금 상환 불이행의 위험이 큰 채권을 말한다. 재정 상태가 취약해 은행의 대출 승인을 받을 수 없는 기업들이 정크 본드를 발행한다. 리스크가 높기 때문에 일반적으로 금리가 높다.

존 템플턴

템플턴 그로스 펀드를 설립하였으며, 주식 역사상 가장 성공한 펀드매니저로 손꼽히는 인물이다.

주가 변동성

일정한 관찰 기간에 대한 한 주식의 표준편차(변동폭)를 일컫는다.

주가지수

주식 시장의 시세 변동을 수치로 나타낸 것이다.

주가매출비율

'PSR(Price Sales Ratio)'라고도 불린다. 특히 손실을 입은 주식의 가치를 평가하는 데 사용된다. 공산품 기업, 도매업, 원료 제조업 등 수익이 경기 동향에 좌우되는 주기성 주식의 경우, 주가매출비율을 평가의 기준으로 삼는다. 주가매출비율이 비교적 낮은 기업은 그렇지 않은 기업에 비해 가격 조건이 유리하다고 간주한다. 주가매출비율은 특정 종목의 시가 총액을 1주당 매출액으로 나눠 계산한다.

주가수익비율

'PER(Price Earning Ratio)'이라고 부른다. 한 기업의 주가가 현재 수익의 몇 배인지를 나타내는 금융 지표다. 주가수익비율은 주식 평가 시 가장 많이 사용되는 지표다. 그러나 손실을 입었을 경우 주가수익비율은 평가 기준으로 설득력이 없다. 이 경우에는 주가현금흐름비율을 기준으로 적용한다. 주가수익비율은 주가를 주당순이익으로 나눠 계산한다.

주가장부가치비율

'PBR(Price Book Value Ratio)'이라고 부른다. 주가장부가치비율은 워런 버핏, 벤저민 그레이엄 등의 가치투자자들이 주식과 기업을 평가하는 데 주로 사용했다. 주가장부가치비율이 낮을수록 주가가 낮다. 주가장부가치비율은 가치투자에서 특히 많이 사용된다. 주가장부가치비율은 주가를 주가장부가치로 나눠 계산한다. '주가순자산비율'이라고도 한다.

주가순이익성장비율

'PEG(Price Earnings to Growth Ratio)'이라고 부른다. 주가순이익성장비율은 성장주가 저평가 혹은 고평가되었는지 판단하는 기준으로 활용된다. 주가순이익성장비율이 1보다 낮은 경우 저평가되었다는 뜻이다.

주가현금흐름비율

'PCR(Price Cashflow Ratio)'이라고 부른다. 유동성을 가늠하는 금융 지표다. 손실이 발생한 경우 주가수익비율 대신 주가현금흐름비율이 적용된다. 이 경우 주가수익비율은 유동성 평가 기준으로서 설득력이 없기 때문이다. 특히 주가현금흐름비율은 기업 경영진이 분식 회계를 하는 경우 타격을 적게 입는다. 주가현금흐름비율이 낮을수록 주식의 가치가 높다.

주식

주식회사에 대한 지분을 증서로 발행한 유가증권이다. 주식 소유주(주주)는 기본적으로 주식회사의 사원이다. 주식회사는 주주에게 주식을 매도하여 자기자본을 마련한다.

주식 병합

주식을 병합하면 한 기업에서 발행한 주식의 수가 감소하거나, 주식의 액면가가 상승한다. 주식 병합 결과 분할 비율에 따라 주가가 상승한다. 예를 들어 주식이 지나치게 낮은 가격으로 거래될 때 주식 병합이 이뤄진다. 바로 이때 페니스톡을 노리고 투자자들이 몰려들기도 한다. 주식 병합의 반대 개념은 액면분할이다.

주식 옵션

계약으로 합의된 권리를 말한다. 주식 옵션은 거래 기간이 한정되어 있다. 대표적으로 콜옵션과 풋옵션 등이 있다. 콜옵션은 옵션 거래 기간 동안 미리 정해 놓은 가격(행사 가격)에 정해진 수만큼 매입할 수 있는 권리를 보장한다. 풋옵션은 주식 시세가 상승할 때 적은 자본을 투입해 시세 차익을 노리는 투기 목적으로 이용된다. 따라서 풋옵션은 시장이 하락할 때 포트폴리오를 방어하는 안전장치로 활용된다.

주식 환매

주식회사가 자사에서 발행한 주식을 다시 매입하는 것을 주식 환매라고 한다. 일반적으로 주식 환매 후에는 주식의 가치가 상승한다. 또는 기업 인수를 막기 위한 조치로 주식 환매가 이루어지기도 한다.

주식형 펀드

펀드매니저가 관리하는 특별 자산으로, 다양한 주식에 투자하는 펀드다. 주식형 펀드 외에도 부동산 펀드, 연금 펀드, 혼합형 펀드가 있다.

주식회사

주식법 1조에 의하면 주식회사는 고유의 법인격이 있는 회사다. 주식에는 주식회사의 자본이 분할되어 있다. 주식회사는 자사 주식을 증시에 상장시킬 수도 있고, 증시를 통해 매도나 재매수할 수 있다.

증거금

흔히 레버리지 투자를 하는 매수자들이 결제를 이행할 때 지불하는 보증금을 말한다. 증거금은 투기가 잘못되었을 때 손실을 청산하는 데 사용된다. 선물 거래나 공매도에서도 증거금이 필요하다.

증시

주식 (혹은 다른 상품)이 거래되는 장소를 말한다. 뉴욕, 런던, 도쿄에 위치한 증권거래소가 가장 대표적이다.

짐 로저스

이른 나리에 주식 투자로 대성공을 거둔 미국의 투자자다. 로저스는 원자재 투자의 황제이자 중국 투자자로도 유명하다.

차액 결제 거래

약어로 'CFD(Contracts for Difference)'라고 불린다. 주식, 원자재, 통화 거래 시에는 시세 차익이 발생한다. 차액 결제 거래는 거래 당사자 간 이러한 시세 차익을 합의시켜주는 일종의 지불 합의다. 차액 결제 거래는 트레이더에게 일정한 기준을 정하지 않고 시세를 정할 수 있도록 허용한다. 차액 결제 거래는 투기성이 강하고 높은 수익을 달성할 수 있다는 점에서 매력적이다. 레버리지 효과가 발생하는 금융 상품으로, 자본을 적게 투입해서 수익을 크게 올릴 수 있다.

차익 거래

시간, 공간이 달라질 때 발생하는 가격 차이를 활용하는 투자법. 예를 들어 여러 지역에서 한 주식에 투자하는 경우 시세가 다를 수 있다. 이 경우 시세가 저렴한 지역에서 주식을 매입해, 더 높은 시세로 다른 지역에서 매도하면 시세 차익을 얻을 수 있다. 하지만 전자상거래 도입으로 시장의 투명성이 꾸준히 증가하면서 유가증권의 차익 거래는 그 의미를 잃고 있다.

찰리 멍거

미국의 법률가이자 가치투자자. 1978년부터 버크셔해서웨이의 부회장으로 활약 중이다.

채권

고정 금리의 유가증권을 말한다. 채권은 은행, 기업, 지방자치단체 등 여러 기관에서 발행한다.

채권 펀드

주로 채권에 투자하는 투자 펀드를 말한다. 채권 펀드에 투자할 경우 특히 금리가 인하되는 시기에 수익을 얻을 수 있다.

채무

한 기업이 공개적으로 책임져야 부채의 총합을 일컫는다. 은행 대출, 각 기업이 발행한 채권(회사채), 고객이 아직 지불하지 않은 할부금 등을 모두 포함한다. 한 기업의 채무는 대차대조표의 대변에 기입한다.

청산

파생상품, 유가증권, 외환 등을 매입하거나 매도할 때 상쇄 거래를 통해 기존의 부채를 정리하는 것을 뜻한다.

총자본수익률

한 기업이 자본으로 만들어낸 수익의 비율을 뜻한다. 어떤 기업의 총자본수익률이 10퍼센트라는 것은 이 기업이 100달러의 자본을 투입해 10달러의 수익을 거뒀다는 뜻이다.

총자산이익률

한 기업이 자산으로 벌어들인 모든 당기순이익의 비율을
뜻한다. 총자산이익률이 10퍼센트라면 100달러의 자산을
투입해 10달러의 당기순이익을 거뒀다는 뜻이다.

턴어라운드

어떤 기업이나 종목이 조직 개혁과 경영 혁신을 통해 실적
이 개선되는 상황을 뜻한다.

투기꾼

장기적으로 투자할 목적이 아니라 단기적인 이익을 취하
기 위해 주식을 매입한다. 투기꾼들은 리스크가 높은 주식
에도 자주 투자한다. 독일어에서 '투기꾼'과 '무책임한 행
위'는 동의어로 통한다.

투자 펀드

주식형 펀드, 부동산 펀드, 원자재 펀드, 채권 펀드 등으로
나뉜다. 여러 유형의 펀드에 투자하는 혼합형 펀드와, 여러
혼합형 펀드에 재투자하는 펀드 오브 펀드(재간접 펀드)로 구

분하기도 한다. 투자 펀드를 구분하는 또 다른 기준은 접근성이다. 접근성에 따라 투자 펀드는 개방형 펀드와 폐쇄형 펀드로 구분된다, 개방형 펀드의 경우 언제든 채권을 거래할 수 있다. 폐쇄형 펀드인 경우 공모 기간에만 취득할 수 있고 만기가 되면 자본 회사는 펀드를 회수한다.

투자 지표

한 기업의 기본적 성과를 평가하는 모든 지표를 말한다. 배당수익률, 자기자본비율, 자기자본이익률, 주가수익비율, 주가순자산비율, 주가현금흐름비율, 주가매출비율 등이 포함된다.

트레이더

단기간에 유가증권을 매입하고 매도하는 전문 투자자. 이들은 수익성이 높은 분야에 투자해 시세 차익을 노린다.

티본드

10년에서 30년 기간을 두고 운용되는 미국의 단기 국채.

티빌

재무성 단기 증권. 한 달이나 1년 동안만 운용되는 미국의 단기 국채를 일컫는다.

파생상품

다른 금융상품의 시세 변동(기준치)에 따라 가격이 정해지는 금융상품. 파생상품은 각 기준치의 시세 변동을 크게 체감할 수 있도록, 즉 레버리지 효과를 낼 수 있도록 구성되어 있다. 파생상품은 주가가 하락했을 경우 손실에 대비할 수 있을 뿐만 아니라, 기준치보다 주가가 상승했을 때 수익을 얻을 수 있다. 가장 많이 거래되는 파생상품으로는 채무증서, 옵션, 선물, 차액 결제 거래 등이 있다.

펀드

라틴어에서 온 개념으로, 원래는 토지나 땅의 규모를 헤아리는 단위로 활용됐다. 자본주의 시대로 넘어와 펀드라는 단어는 자산과 자본을 아우르는 상위 개념으로 통용되고 있다. 투자 시장에서는 모든 투자 대상을 지칭하는 단어로 쓰인다.

펀드매니저

펀드를 관리하는 사람. 그들이 하는 일은 펀드 자산의 수익률을 최대한 높이고 투자하는 것이다. 펀드매니저는 투자 상황, 투자 원칙, 법적 투자 범위 내에서 투자를 결정한다. 피터 린치와 존 템플턴은 투자 역사에서 가장 성공한 펀드 매니저로 손꼽힌다.

페니스톡

아주 낮은 가격으로 거래되는 주식을 말한다. 유럽에서는 1유로 미만으로 거래되는 주식을 말한다. 미국에서는 5달러 미만으로 거래되는 주식을 페니스톡이라고 부른다. 페니스톡은 주가 변동이 잦고 투기자들이 가장 좋아하는 투기 대상이다.

포트폴리오

한 투자자가 투자한 모든 자산군을 총칭한다.

포트폴리오 이론

광범위하게 분산된 포트폴리오를 통해 유가증권 투자에서

발생할 수 있는 리스크를 줄일 수 있다고 주장하는 이론. 포트폴리오 이론에 의하면 다양한 주식을 한 계좌에 예탁했을 때 유용하다. 포트폴리오 이론은 노벨경제학상 수상자 해리 M. 마코위츠에 의해 개발되었다.

피터 린치

피델리티 마젤란 펀드를 운용했으며 주식 역사상 가장 성공한 펀드매니저로 손꼽힌다.

하향식 접근 방식

추상적인 영역에서 점차 내려가 구체적인 영역으로 단계적으로 분석해나가는 투자 방식. 먼저 거시 경제와 업계의 전반적인 상황을 관찰하고, 특정 기업이나 원자재 등을 분석한다. '톱다운 투자'라고도 불린다. 이것과 반대되는 개념이 상향식 접근 방식(보텀업 투자)이다.

합병

두 개 이상의 독립적인 기업이 한 기업으로 합쳐지는 것을 말한다.

해자 전략

워런 버핏이 개발한 투자 전략. 한 기업이 경쟁업체가 절대로 이길 수 없는 경쟁 우위(해자)를 갖고 있다면, 이것은 매수의 근거가 될 수 있다. 버핏이 '절대 무너지지 않는 해자'로 판단하여 매수한 주식이 바로 코카콜라다. 이 덕분에 코카콜라도 해자를 갖게 되었다.

행동경제학

시장 참여자들이 보이는 비이성적인 행동을 심리학적으로 해석하는 경제 이런. 주식 시장에서 비이성적인 행동을 보이는 대표적인 예로, 벤저민 그레이엄이 만든 가상의 인물 '미스터 마켓'이 있다. 그레이엄은 미스터 마켓이라는 허구의 인물을 만들어 특정 상황에서 투자자들이 비이성적인 행동을 하는 이유를 설명했다.

헐값 매입 투자자

시세가 떨어질 때 공매도나 풋옵션 등으로 투기를 하는 사람.

현금흐름

한 기업의 유동성을 평가하는 기준이다. 현금흐름은 한 기업에 유입되고 유출되는 현금의 차이로 인해 발생한다.

헤지펀드

매우 자유롭게 투자 정책을 적용할 수 있는 투자 펀드다. 헤지펀드는 주로 투기나 헤징(가격 변동으로 인한 손실을 막기 위해 실시하는 금융 거래 행위-옮긴이)을 목적으로 하는 파생상품이다. 파생상품의 레버리지 효과를 통해 막대한 수익을 올릴 수 있지만 그만큼 손실 리스크도 매우 크다.

효율적 시장 가설

줄여서 'EMH(Efficient Market Hypothesis)'라고도 부른다. 금융 시장을 두고 '가만히 두어도 저절로 돌아가는 완벽한 (효율적인) 시장'이라고 주장하는 이론. 시장에 관한 모든 정보는 짧은 시간 내에 모든 시장 참여자에게 제공되며, 따라서 금융 시장에서 가격(주가)은 항상 균형 상태를 유지한다고 주장한다. 효율적 시장 가설 지지자들은 장기적으로 금융 시장에서는 그 누구도 평균치를 웃도는 수익을 얻을 수

없다고 주장한다. 효율적 시장 가설은 노벨경제학상 수상
자인 미국의 경제학자 유진 파마가 주창했다. 이후 존 템플
턴, 워런 버핏, 벤저민 그레이엄과 같은 가치투자자들이 반
론을 제기했다.

미주

1   Lowe, Janet, Damn right! Behind the Scenes with Berkshire Hathaway
    Billionaire Charlie Munger, New York 2000, S. 19.

2   Charlie Munger auf der Berkshire Hauptversammlung 2003.

3   Lowe, Janet, Damn right! Behind the Scenes with Berkshire Hathaway
    Billionaire Charlie Munger, New York 2000, S.28.

4   Rede von Charles Munger beim Festessen zum 75. Jubiläum von
    See's, Los Angeles im März 1998.

5   Dorr, Robert, Ex-Omahan Traded Law for Board Room, in: Omaha
    World Herald vom 31.08.1977.

6   Dorr, Robert, Ex-Omahan Traded Law for Board Room, in: Omaha
    World Herald vom 31.08.1977.

7   Lowe, Janet, Damn right! Behind the Scenes with Berkshire Hathaway
    Billionaire Charlie Munger, New York 2000, S 34.

8   Lowe, Janet, Damn right! Behind the Scenes with Berkshire Hathaway
    Billionaire Charlie Munger, New York 2000, S 36.

9   Lowe, Janet, Damn right! Behind the Scenes with Berkshire Hathaway
    Billionaire Charlie Munger, New York 2000, S 36.

10 Munger, Charlie, A Lesson on Elementary, Worldly Wisdom As

It Relates To Investment Ma\-nagement & Business, Rede an der University of Southern California Marshall School of Bu\-siness, Los Angeles 1994 (http://old.ycombinator.com/munger.html)

11 Department of Commerce, Income of Families and Persons in the United States: 1949, in: Current Population Reports–Consumer Income, Washington 1951, S.1.

12 arscapital.wordpress.com/2017/07/08/about-charlie-munger/

13 Lowe, Janet, Damn right! Behind the Scenes with Berkshire Hathaway Billionaire Charlie Munger, New York 2000, S 59.

14 Lowe, Janet, Damn right! Behind the Scenes with Berkshire Hathaway Billionaire Charlie Munger, New York 2000, S 42.

15 Schroeder, Alice, Warren Buffett–Das Leben ist wie ein Schneeball, München 2010, S. 279.

16 Lowe, Janet, Damn right! Behind the Scenes with Berkshire Hathaway Billionaire Charlie Munger, New York 2000, S 44.

17 Schroeder, Alice, Warren Buffett–Das Leben ist wie ein Schneeball, München 2010, S. 279.

18 Lowenstein, Roger, Buffett–Die Geschichte eines amerikanischen Kapitalisten, Kulmbach 2009, S. 138.

19 Lowe, Janet, Damn right! Behind the Scenes with Berkshire Hathaway Billionaire Charlie Munger, New York 2000, S 73.

20 Schroeder, Alice, Warren Buffett–Das Leben ist wie ein Schneeball, München 2010, S. 281.

21 Lowenstein, Roger, Buffett–Die Geschichte eines amerikanischen Kapitalisten, Kulmbach 2009, S. 139 f.

22 Lowe, Janet, Damn right! Behind the Scenes with Berkshire Hathaway Billionaire Charlie Munger, New York 2000, S 63.

23 Lowe, Janet, Damn right! Behind the Scenes with Berkshire Hathaway Billionaire Charlie Munger, New York 2000, S 68.

24 Lowe, Janet, Damn right! Behind the Scenes with Berkshire Hathaway Billionaire Charlie Munger, New York 2000, S 76 f.

25 Charles Munger in einer Rede auf der Wesco-Hauptversammlung im Mai 1991.

26 Alternativ wird diese Investorenrunde in der Literatur auch als Buffett-Runde bezeichnet. Buffett nennt diese Gruppe einfach »our group«.

27 Charlie Munger auf der Wesco Hauptversammlung 2010.

28 Lowe, Janet, Damn right! Behind the Scenes with Berkshire Hathaway Billionaire Charlie Munger, New York 2000, S 101.

29 Schroeder, Alice, Warren Buffett–Das Leben ist wie ein Schneeball, München 2010, S. 307.

30 https://www.mto.com/about-us

31 Lowe, Janet, Damn right! Behind the Scenes with Berkshire Hathaway Billionaire Charlie Munger, New York 2000, S 96.

32 Wathen, Jonathan, How Charlie Munger Turned a Single $1,000 Investment Into $100,000 a Year, in: The Motley Fool vom 02.03.2016.

33 Lowe, Janet, Damn right! Behind the Scenes with Berkshire Hathaway Billionaire Charlie Munger, New York 2000, S 99.

34 Schroeder, Alice, Warren Buffett–Das Leben ist wie ein Schneeball, München 2010, S. 310.

35 Letter to the Shareholders of Berkshire Hathaway Inc. 1992 vom 28.02.1997.

36 Schroeder, Alice, Warren Buffett–Das Leben ist wie ein Schneeball,

München 2010, S. 310.

37 Lowenstein, Roger, Buffett–Die Geschichte eines amerikanischen Kapitalisten, Kulmbach 2009, S. 140.

38 Schroeder, Alice, Warren Buffett–Das Leben ist wie ein Schneeball, München 2010, S. 350 ff.

39 Zeugenaussage von Charlie Munger im Fall Blue Chip Stamps, Berkshire Hathaway Inc., HQ-784 vom 20.03.1975, S. 187.

40 Hagstrom, Robert G., Warren Buffett–Sein Weg, Seine Methoden, Seine Strategie, Kulmbach 2017, S. 86 f.

41 Lowe, Janet, Damn right! Behind the Scenes with Berkshire Hathaway Billionaire Charlie Munger, New York 2000, S. 102 f.

42 Santry, David, Shareholder Heaven at New America Fund, in: Business Week vom 03.12.1979, S. 103.

43 Schroeder, Alice, Warren Buffett–Das Leben ist wie ein Schneeball, München 2010, S. 543 ff und www.thebuffett.com

44 Lowenstein, Roger, Buffett–Die Geschichte eines amerikanischen Kapitalisten, Kulmbach 2009, S. 304.

45 Lowe, Janet, Damn right! Behind the Scenes with Berkshire Hathaway Billionaire Charlie Munger, New York 2000, S. 103.

46 Lowe, Janet, Damn right! Behind the Scenes with Berkshire Hathaway Billionaire Charlie Munger, New York 2000, S. 106.

47 Lowe, Janet, Damn right! Behind the Scenes with Berkshire Hathaway Billionaire Charlie Munger, New York 2000, S. 146 f.

48 Lowenstein, Roger, Buffett–Die Geschichte eines amerikanischen Kapitalisten, Kulmbach 2009, S. 288.

49 Hagstrom, Robert G., Warren Buffett–Sein Weg, Seine Methoden, Seine Strategie, Kulmbach 2017, S. 85.

50 Lowe, Janet, Damn right! Behind the Scenes with Berkshire Hathaway Billionaire Charlie Munger, New York 2000, S. 217.

51 Kilpatrick, Andrew, Of Permanent Value: The Story of Warren Buffett, Birmingham 1998, S. 679.

52 Schroeder, Alice, Warren Buffett–Das Leben ist wie ein Schneeball, München 2010, S. 560.

53 Lowe, Janet, Damn right! Behind the Scenes with Berkshire Hathaway Billionaire Charlie Munger, New York 2000, S. 149.

54 Munger, Charles, in: Brief an die Aktionäre von Blue Chip Stamps vom 25.03.1980 (http://www.valuewalk.com/wp-content/uploads/2014/08/blue-chip-stamps.pdf)

55 Munger, Charles, in: Brief an die Aktionäre von Wesco vom 13.03.1998 (http://www.berkshirehathaway.com/wesco/cm1997.pdf)

56 Lowe, Janet, Damn right! Behind the Scenes with Berkshire Hathaway Billionaire Charlie Munger, New York 2000, S. 158.

57 Rasmussen, Jim, Berkshire Unit to Shed Mutual S & L, in: Omaha World Herold vom 22.04.1993, S. 18.

58 Lowe, Janet, Damn right! Behind the Scenes with Berkshire Hathaway Billionaire Charlie Munger, New York 2000, S. 71.

59 Munger, Charles, in: Brief an die Aktionäre von Wesco vom 05.03.2001 (http://www.berkshirehathaway.com/wesco/cm2000.pdf)

60 Lowe, Janet, Damn right! Behind the Scenes with Berkshire Hathaway Billionaire Charlie Munger, New York 2000, S. 160.

61 Lowe, Janet, Damn right! Behind the Scenes with Berkshire Hathaway Billionaire Charlie Munger, New York 2000, S. 162.

62 Lowe, Janet, Damn right! Behind the Scenes with Berkshire Hathaway Billionaire Charlie Munger, New York 2000, S. 162.

63 https://de.wikipedia.org/wiki/Wesco_Financial#cite_note-7

64 Munger, Charlie, Interview mit Kiplinger's Steven Goldberg 2005.
    (http://mungerisms.blogspot.de/2009/09/munger-speaks-with-kiplingers-steven.html)

65 Maxfield, John, How Charlie Munger Transformed the Daily Journal–
    In 2 Charts, in: The Motley Fool vom 17.02.2016.

66 Maxfield, John, How Charlie Munger Transformed the Daily Journal–
    In 2 Charts, in: The Motley Fool vom 17.02.2016.

67 Munger, Charlie, University of California, Santa Barbara 2003 (zitiert
    in Griffin S. 123)

68 Munger, Charlie, University of Southern California Business School
    1994 (zitiert in Griffin S. 114)

69 Munger, Charlie, Berkshire Hauptversammlung 2000 (zitiert in Griffin S.
    173)

70 Munger, Charlie, University of Southern California Business School
    1994 (zitiert in Griffin S. 202)

71 Munger, Charlie, University of California, Santa Barbara 2003 (zitiert
    in Griffin S. 44)

72 Lowe, Janet, Damn right! Behind the Scenes with Berkshire Hathaway
    Billionaire Charlie Munger, New York 2000, S. 122.

73 Griffin, Tren, Charlie Munger–Ich habe dem nichts mehr
    hinzuzufügen, München 2016, S. 14.

74 Lowe, Janet, Damn right! Behind the Scenes with Berkshire Hathaway
    Billionaire Charlie Munger, New York 2000, S.175.

75 Munger und Buffett in einem CNBC Interview vom 04.05.2014.
    https://de.scribd.com/document/222137086/CNBC-Transcript-
    Warren-Buffett-Bill-Gates-and-Charlie-Munger-May-5-2014

76 Munger, Charlie, A Lesson on Elementary, Worldly Wisdom As

It Relates To Investment Ma\-nagement & Business, Rede an der University of Southern California Marshall School of Bu\-siness, Los Angeles 1994 (http://old.ycombinator.com/munger.html)

77   Griffin, Tren, Charlie Munger–Ich habe dem nichts mehr hinzuzufügen, München 2016, S. 19.

78   Munger, Charlie, Rede auf dem Frühstückstreffen des Philanthropy-Round-Table, September 2009. (http://mungerisms.blogspot.de/2009/09/philanthropy-round-table.html)

79   Lowe, Janet, Damn right! Behind the Scenes with Berkshire Hathaway Billionaire Charlie Munger, New York 2000, S.78.

80   Graham, Benjamin und Dodd, David, Die Geheimnisse der Wertpapieranalyse, München 2016, S.34f.

81   Graham, Benjamin und Dodd, David, Die Geheimnisse der Wertpapieranalyse, München 2016, S.36.

82   Warren Buffett auf der Berkshire Hauptversammlung 2003.

83   Montier, James, The Seven Immmutable Laws of Investment, The Big Picture 2011.

84   Munger, Charlie, A Lesson on Elementary, Worldly Wisdom As It Relates To Investment Ma\-nagement & Business, Rede an der University of Southern California, Marshall School of Bu\-siness, Los Angeles 1994. (http://old.ycombinator.com/munger.html)

85   Charlie Munger auf der Wesco-Hauptversammlung 2002.

86   Charlie Munger auf der Wesco-Hauptversammlung 2003.

87   Lowe, Janet, Damn right! Behind the Scenes with Berkshire Hathaway Billionaire Charlie Munger, New York 2000, S. 78.

88   Buffett, Warren, The Secrets of See's Candies, in: Fortune 2012.

89   Munger, Charlie, Interview mit Kiplinger's Steven Goldberg 2005.

(http://mungerisms.blogspot.de/2009/09/munger-speaks-with-kiplingers-steven.html)

90 Charlie Munger auf der Berkshire Hauptversammlung 2006.

91 Charlie Munger auf der Wesco Hauptversammlung 2002.

92 Charlie Munger auf der Wesco Hauptversammlung 2002.

93 Charlie Munger auf der Berkshire Hauptversammlung 2004.

94 Charlie Munger auf der Wesco Hauptversammlung 2011.

95 Charlie Munger auf der Berkshire Hauptversammlung 2011.

96 Munger, Charlie, Poor Charlie's Almanack, Marceline 2005.

97 Munger, Charlie, Harvard University 1995 (zitiert in Griffin S. 97)

98 Munger, Charlie, Berkshire Hauptversammlung 2000.

99 Lowe, Janet, Damn right! Behind the Scenes with Berkshire Hathaway Billionaire Charlie Munger, New York 2000, S. 168.

100 Schroeder, Alice, Warren Buffett–Das Leben ist wie ein Schneeball, München 2010, S. 948.

101 Charlie Munger auf der Berkshire Hauptversammlung 2012.

102 https://de.wikipedia.org/wiki/Berkshire_Hathaway

103 Munger, Charlie, A Lesson on Elementary, Worldly Wisdom As It Relates To Investment Ma\-nagement & Business, Rede an der University of Southern California Marshall School of Bu\-siness, Los Angeles 1994 (http://old.ycombinator.com/munger.html)

104 Lowe, Janet, Damn right! Behind the Scenes with Berkshire Hathaway Billionaire Charlie Munger, New York 2000, S 59.

105 Letter to the Shareholders of Berkshire Hathaway Inc. 1996 vom 28.02.1997.

106 Charlie Munger auf der Wesco Hauptversammlung 2010.

107 Munger, Charlie, CNBC Interview vom 04.05.2014. https://de.scribd.com/document/ 222137086/CNBC-Transcript-Warren-Buffett-Bill-

Gates-and-Charlie-Munger-May-5-2014

108 Charlie Munger auf der Wesco Hauptversammlung 2010.

109 Lu Li, My Teacher Charlie Munger, in: China Entrepreneur Magazine vom 21.05.2010.

110 Lowe, Janet, Damn right! Behind the Scenes with Berkshire Hathaway Billionaire Charlie Munger, New York 2000, S. 231.

111 Munger, Charlie, Forbes 1969.

112 Munger, Charlie, BBC Interview 2010.

113 Munger, Charlie, Rede an der Harvard-Westlake School 1986.

114 Munger, Charlie, Buffett Speaks 2007 (zitiert in Griffin S. 44)

115 Munger, Charlie, University of California, Santa Barbara 2003 (zitiert in Griffin S. 44)

116 Lowenstein, Roger, Buffett–Die Geschichte eines amerikanischen Kapitalisten, Kulmbach 2009, S. 194.

117 Munger, Charlie, University of Southern California 2007.

118 Charlie Munger auf der Berkshire Hauptversammlung 2004.

119 Munger, Charlie, Poor Charlie's Almanack, Marceline 2005.

미래를 알고 싶을 때 역사만큼 훌륭한 스승이 없다.

30달러짜리 역사 책에 수십억 달러짜리 답이 있다.

더 클래식 **찰리 멍거**

초판 1쇄 인쇄 2022년 5월 17일
초판 1쇄 발행 2022년 6월 7일

지은이 롤프 모리엔·하인츠 핀켈라우
옮긴이 강영옥
감수 신진오
펴낸이 김선식

경영총괄 김은영
책임편집 성기병 **디자인** 윤유정 **책임마케터** 이고은
콘텐츠사업1팀장 임보윤 **콘텐츠사업1팀** 윤유정, 한다혜, 성기병, 문주연
편집관리팀 조세현, 백설희 **저작권팀** 한승빈, 김재원, 이슬
마케팅본부장 권장규 **마케팅2팀** 이고은, 김지우
미디어홍보본부장 정명찬
홍보팀 안지혜, 김은지, 박재연, 이소영, 이예주, 오수미
뉴미디어팀 허지호, 박지수, 임유나, 송희진, 홍수경
경영관리본부 하미선, 이우철, 박상민, 윤이경, 김재경, 최완규
이지우, 김혜진, 오지영, 김소영, 안혜선, 김진경, 황호준, 양지환
물류관리팀 김형기, 김선진, 한유현, 민주홍, 전태환, 전태연, 양문현
외부스태프 표지 일러스트 손창현

펴낸곳 다산북스 **출판등록** 2005년 12월 23일 제313-2005-00277호
주소 경기도 파주시 회동길 490
전화 02-702-1724 **팩스** 02-703-2219 **이메일** dasanbooks@dasanbooks.com
홈페이지 www.dasan.group **블로그** blog.naver.com/dasan_books
종이 IPP **인쇄** 민언프린텍 **제본** 다온바인텍 **후가공** 제이오엘앤피

ISBN 979-11-306-9074-2 (04320)